لماذا لا أؤمن بمعتقد الكنيسة؟

الداعية الإسلامي
م. مروان عبد الفتاح رجب

لماذا لا أؤمن بمعتقد الكنيسة؟

الداعية الإسلامي

م. مروان عبد الفتاح رجب

الطبعة الأولى
١٤٤٤هـ - ٢٠٢٣ م

ح دار تأثير للنشر والتوزيع ، ١٤٤٤هـ

فهرسة مكتبة الملك فهد الوطنية أثناء النشر

رجب ، مروان عبدالفتاح
لماذا لا أؤمن بمعتقد الكنيسة؟. / مروان عبدالفتاح رجب - ط١. -
الرياض ، ١٤٤٤هـ
١٢٤ ص ؛ ١٧ في ٢٤ سم

ردمك: ٩٧٨-٦٠٣-٨٣٩٤-٠٨-٣

١- النصرانية أ.العنوان
ديوي ٢٧٣,٢   ١٤٤٤/٩١٩١

رقَم الإيداع: ١٤٤٤/٩١٩١
ردمك: ٩٧٨-٦٠٣-٨٣٩٤-٠٨-٣

يقول الله ﷻ حاكيًا عن رد المسيح لله يوم القيامة عن اختلاف دعوته مع ما تعتقده الكنيسة:

بِسۡمِ ٱللَّهِ ٱلرَّحۡمَٰنِ ٱلرَّحِيمِ

﴿ مَا قُلۡتُ لَهُمۡ إِلَّا مَآ أَمَرۡتَنِي بِهِۦٓ أَنِ ٱعۡبُدُواْ ٱللَّهَ رَبِّي وَرَبَّكُمۡ وَكُنتُ عَلَيۡهِمۡ شَهِيدًا مَّا دُمۡتُ فِيهِمۡ فَلَمَّا تَوَفَّيۡتَنِي كُنتَ أَنتَ ٱلرَّقِيبَ عَلَيۡهِمۡ وَأَنتَ عَلَىٰ كُلِّ شَيۡءٖ شَهِيدٌ ۝١١٧ ﴾

[سورة المائدة]

الافتتاحية

هذا البحث للأخوة المسيحيين غير مقصود به ازدراء الدين المسيحي، فالمسيح حق، ودينه حق، ولكن الهدف منه هو تنوير العقول لقراءة الكتب.

خلاصة بحثي في ما جاء في الأناجيل المعتمدة من الكنيسة:

الخلاص بسماع الوصايا، والإيمان بأن الله هو الأب فقط دون أقانيم، بشرطي المحبة والتعظيم، مع الإيمان بجميع الرسل، مع وجود مؤشرات قوية في عدم إرادة الله في معرفة طبيعته ومما يتكون، ولا حتى معرفة طبيعة المسيح سوى أنه مخلوق مرسول، فلماذا الخوض في المبهمات ومما لا فائدة فيه؟

من الأدلة الثبوتية:

الترجمة الكاثوليكية اليسوعية:

«فمن أجلكم أولا أقام الله عبده وأرسله ليباركم، فيتوب كل منكم عن سيئاته» [أعمال ٣: ٢٦].

الخلاص في الكتب السماوية:

الإنجيل:

وهذا ما قاله المسيح لليهود:

«الحق الحق أقول لكم إن من يسمع كلامي ويؤمن بالذي أرسلني تكن له الحياة الأبدية، ولا يحاكم في اليوم الأخير، لأنه قد انتقل من الموت إلى الحياة» [يوحنا ٥: ٢٤].

«وإذا واحد تقدم وقال: أيها المعلم الصالح أي صلاح أعمل لتكون لي الحيوة الأبدية؟ فقال (المسيح) له: ولماذا تدعوني صالحا؟ ليس أحد صالحا إلا واحد وهو الله، ولكن إذا أردت أن تدخل الحياة فاحفظ الوصايا» [متى ١٩: ١٦-١٧].

«الإنسان الذي كان بارا وفعل حقا وعدلا، لم يأكل على الجبال، ولم يرفع عينيه إلى أصنام بيت إسرائيل، ولم ينجس امرأة قريبه، ولم يقرب طامثا، ولم يظلم إنسانا... فهو بار، حياة يحيا يقول السيد الرب» [حزقيال ١٨ : ١٩-٢٣].

وهذا تماما ما جاء في القرآن:

﴿ وَٱلْعَصْرِ ۝ إِنَّ ٱلْإِنسَٰنَ لَفِى خُسْرٍ ۝ إِلَّا ٱلَّذِينَ ءَامَنُوا۟ وَعَمِلُوا۟ ٱلصَّٰلِحَٰتِ وَتَوَاصَوْا۟ بِٱلْحَقِّ وَتَوَاصَوْا۟ بِٱلصَّبْرِ ۝ ﴾ [العصر].

الهدف من هذا البحث:

الإيمان بالحق الذي جاء في الأناجيل المعتمدة، ثم سؤال الله بعد التخلص من لعنة الشرك ولعنة إسقاط تعظيم الله، أن يهديك إلى كامل الحق، فالله عندها لن يضيعك، وتشويهك للإسلام لن يفيدك شيء، ولن يغير حقيقة اختلاف إيمانكم عن ما هو مذكور في الإنجيل.

مقدمة

أسباب ضلال أتباع الكنيسة:

من أعظم الأسباب التي أدت إلى ضلال أتباع الكنيسة هو عبادتهم للرهبان والقساوسة من خلال تسليم عقولهم لهم ليتم برمجتها كيفما شاؤوا بالتلاعب بتفسير الآيات، وتوجيههم لقبول الآيات المبهمة وترك النصوص اليقينية.

مع أن المسيح قال: «الحق الحق أقول لكم إن من يسمع كلامي ويؤمن بالذي أرسلني تكن له الحياة الأبدية، ولا يحاكم في اليوم الأخير، لأنه قد انتقل من الموت إلى الحياة» [يوحنا ٥ : ٢٤].

لم يقل من يسمع كلام الرسل أو الكنيسة، بل قال من يسمع كلامي، فالرسل والكنيسة ليس من حقهم قول أمر في العقيدة لم يقل به المسيح نفسه، وما هم إلا مبلغين عن المسيح، حيث إن المسيح هو من أخذ الكلام عن الله ليبلغ به اليهود.

قال المسيح مخاطبا ربه: «لأن الكلام الذي أعطيتني قد أعطيتهم، وهم قبلوا وعلموا يقينا أني خرجت من عندك» [يوحنا ١٧ : ٨].

هذا ولقد نجحت الكنيسة إلى حد ما بتحقيق مرادها من خلال الدعوة إلى الإيمان ببدعة الناسوت واللاهوت، والتي تعني أن المسيح ﷺ له أكثر من شخصية، فعندما يجدون نصوص تفيد أنه عبد ورسول، يفسرون ذلك بأن المسيح ﷺ يتكلم بشخصية الإنسان، وعندما يجدون نصوص مبهمة توهم بأنه إله، مثل نصوص الحلول والاتحاد يفسرون ذلك بأنه يتكلم عن لاهوته (ألوهيته)، وعلى الرغم من اختراعهم لتلك الخدعة الماكرة والتي حذر كتابهم من أمثالها بقوله في رسالة بطرس الثانية (٢ : ١):

«ولكن، كان أيضا في الشعب أنبياء كذبة، كما سيكون فيكم أيضا معلمون كذبة، الذين يدسون بدع هلاك. وإذ هم ينكرون الرب الذي اشتراهم، يجلبون على أنفسهم هلاكا سريعا».

ومع ذلك أبى الله ﷺ إلا أن يكشف تلك البدعة، فهناك نصوص في كتبهم من المحال أن تدخل في نطاق تلك البدعة.

كتبه الفقير إلى عفو ربه

الداعية الإسلامي

م/ مروان بن عبد الفتاح رجب

عام ٢٠٢٣م

<h1 style="text-align:center">تمهيد</h1>

إن الله ﷻ عندما يريد أن يؤمن عباده بأمر ما ويحاسبهم عليه، وخاصة نصوص العقيدة، يوحي بنصوص مباشرة صريحة لا مجال للشك فيها ولو بمقدار ذرة، ولا تكون عن طريق استنتاج أو تأويل أو تفسير، وتكون تلك النصوص على لسان المرسل من الله، لا من غيره.

ولو كان ما تقولونه من عقيدة ينطبق عليه تلك الشروط، ما اعترض المعترضون على مر تاريخ الديانة المسيحية، ولا احتاج الأمر إلى مجمعات تناقش طبيعة الله وطبيعة المسيح، ولأقفلت أفواه المخالفين إلى يوم الدين.

ولقد كان اختيار العقيدة الحالية للكنيسة اعتمادا على النصوص المبهمة وترك الصريح منها، فلماذا يتبع المبهم من أقوال المسيح، ويترك الصحيح الصريح المناقضة لها؟! بل لماذا يعتمد على أقوال الرسل في أمور عقدية خطيرة، لم يقلها المسيح لهم، اعتمادا على روح خفية تخاطب الرسل كما يدعون فقد تكون من الشيطان؟! وخاصة أقوال بولس الذي ادعى أنه مرسل بعدما تم رفع المسيح للسماء!.

تفنيد بدعة الناسوت واللاهوت:

تفسر الكنيسة نصوص الإنجيل بناء على تلك البدعة ولكن السؤال المهم هو:

هل من عاصره كان يفهم أن للمسيح طبيعتان؟! وهل قالها لهم؟!

والجواب: حتما لا، بدلالة أن تلك البدعة لم تتبلور ويتم اكتمالها إلا في أوقات متأخرة بعد كتابة الأناجيل، بل إن هناك اختلاف كبير بين الكاثوليك والأرثوذكس وغيرهم حول هذا المفهوم، وبدلالة أيضا كلام التلاميذ عنه ومن عاصره.

رأى الكنيسة الأرثوذكسية في طبيعة السيد المسيح:

يرى الأرثوذكس اللاخلقدونيين أن المسيح هو عبارة عن «طبيعتين»، هما «اللاهوت»، و«الناسوت»، وقد اتحدتا وصارتا «واحدا في الجوهر أو في الطبيعة»، أو نتج

عنهما «وحدة فى الطبيعة» أو «طبيعة واحدة»، التى هى طبيعة «الله الكلمة المتجسد»، ولكن بدون امتزاج أو اختلاط أو استحالة. فالمسيح هو إله متأنس، وليس إلها وإنسانا!

وبناء على ما سبق، وكما يرى الأب «متى المسكين»، فإن المسيح لم يأت عملا إلهيا دون أن يكون الجسد شريكا فيه، ولم يعمل عملا جسديا دون أن يكون اللاهوت شريكا فيه، وأن ما يختاره اللاهوت هو هو ما يختاره الناسوت!

وفى إثبات «البابا شنودة الثالث» لعقيدة الطبيعة الواحدة يستشهد بعدة أمثلة كتابية منها:

قول المسيح فى [متى ٩: ٦]: «ولكن لكى تعلموا أن لابن الإنسان سلطانا على الأرض أن يغفر الخطايا...». ويتساءل: فهل الذى قال للمفلوج «مغفورة لك خطاياك» هو الناسوت أم اللاهوت؟ ويجيب: أليس حسنا أن نقول إنه الكلمة المتجسد؟

ويتساءل البابا شنودة أيضا: وهل الذى دخل من الأبواب وهى مغلقة بعد قيامته دخل بلاهوته أم بناسوته؟ ويجيب: أليس هذا دليلا على وحدة الطبيعة؟. (انتهى)

يتضح مما سبق أنه لا مجال للقول أن النصوص التي تثبت بشريته، وأنه مخلوق ورسول من الله، تعني أنها ترجع لناسوته فقط.

تفنيد بدعة الثالوث:

لم يرد في الأناجيل ما يشير صراحة على لسان المسيح تلك العقيدة الخطيرة التي خالفت جميع ما ذكره الأنبياء السابقين مع تأكيد المسيح أنه لم يأت لنقض الأنبياء.

وما تعتمد عليه الكنيسة هو نصوص مبهمة واستنتاجات، وما هكذا يوحي الله بأمر خطير كهذا للبشرية، فلا كلمة (عمدوهم) تعني أن الله ثالوث، ولا حتى كلمة (هم واحد) التي لم تأت على لسان المسيح تعني أن الله ثالوث، فالإعلان العظيم لابد له من تصريح يوازي خطورته وقوته، ولا يوجد تصريح واحد مباشر في جميع الكتاب المقدس.

هذا وقد جاء هذا البحث في عدة عناصر:

١- ما فهمه قوم المسيح في عصره.

٢- نصوص تؤكد أن المسيح ليس هو الله ولا تدخل تحت بدعة الناسوت واللاهوت.

٣- تفنيد نصوص ألوهية المسيح المزعومة.

٤- الخلاص بالإيمان والعمل الصالح.

٥- هل صلب المسيح؟

٦- حقيقة الإيمان بالمسيح عبر التاريخ.

٧- إنجيل المسيح المفقود.

٨- أدلة تحريف الإنجيل.

٩- المسيح لم يأمر بتبشير الأمم أو سفرين كاملين غير صحيحة.

١٠- قدرات المسيح لا تعادل قدرة الله.

١١- الجهاد وحد الردة في العهد القديم.

١٢- المعزي ليس هو روح القدس.

١٣- البعث بالأجساد ونعيم الجنة المادي.

١٤- تلاشي معجزات المسيح والتبشير.

١٥- أكذوبة مخطوطات الكتب المقدسة ونقد تلك الكتب.

١٦- اعترافات خطيرة حول الديانة المسيحية.

١٧- المعنى الحقيقي للثالوث لا يفهمه العامة.

١- عصر المسيح لم يفهموا ما تفهمه الكنيسة الآن:

ما فهمه الناس في عصره:

لا ثالوث لله ولا ألوهية للمسيح:

«لم أتكلم من نفسي، لكن الأب الذي أرسلني، هو أعطاني وصية ماذا أقول، وبماذا أتكلم» [يوحنا ١٢: ٤٩].

ونجده يقول للتلاميذ: «هكذا فليضيء نوركم أمام الناس ليروا أعمالكم الحسنة ويمجدوا أباكم الذي في السماوات» [متى ٥: ١٦].

«فأخذ الجميع خوف ومجدوا الله قائلين قد قام فينا نبي عظيم وافتقد الله شعبه» [لوقا ٧: ١٦].

قول الرجل الأعمى: «قالوا أيضا للأعمى ماذا تقول عنه أنت من حيث أنه فتح عينيك فقال إنه نبي» [يوحنا ٩: ١٧].

إن المسيح لما دخل أورشليم ارتجت المدينة كلها وسألت من هذا؟ فكانت الإجابة من الجموع الغفيرة من المؤمنين والتلاميذ الذين دخلوا مع المسيح مدينة القدس هي: «هذا يسوع النبي من ناصرة الجليل» [متى ٢١: ١٠-١١].

إن الناس الذين رأوا معجزة تكثير الطعام التي صنعها المسيح فآمنوا بها قالوا: «إن هذا هو بالحقيقة النبي الآتي إلى العالم» [يوحنا ٦: ١٤]. فأقرهم المسيح ولم ينكر عليهم وصفهم له بالنبوة وكانوا جمع كثير بنحو ٥ آلاف رجل فدل هذا على أن المسيح لم يدع الألوهية ولم يكن يعرف عن ألوهيته المزعومة شيئا.

إقرار المسيح لليهود:

«فجاء واحد من الكتبة وسمعهم يتحاورون، فلما رأى أنه أجابهم حسنا سأله: أية وصية هي أول الكل؟» [مرقس ١٢: ٢٨].

 ١٣

«فأجابه يسوع أن أول كل الوصايا: اسمع يا إسرائيل الرب إلهنا رب واحد» [مرقس ١٢: ٢٩]. (يسوع يعترف بأن إلهه الله وحسب مفهوم اليهود بدون أقانيم).

«فقال له الكاتب جيدا يا معلم بالحق قلت لأنه الله واحد وليس آخر سواه...» [مرقس ١٢: ٣٢].

«فلما رآه يسوع أنه أجاب بعقل قال له لست بعيدا عن ملكوت الله» [مرقس ١٢: ٣٤]. (الخلاص بالإيمان بدون الأقانيم والوصايا بدون الفداء).

وهذا الدليل:

«الحق الحق أقول لكم إن من يسمع كلامي ويؤمن بالذي أرسلني تكن له الحياة الأبدية، ولا يحاكم في اليوم الأخير، لأنه قد انتقل من الموت إلى الحياة» [يوحنا ٥: ٢٤].

دفاعه ضد تهمة التجديف:

«ولكنكم الآن تطلبون أن تقتلوني وأنا إنسان قد كلمكم بالحق الذي سمعه من الله» [يوحنا ٨: ٤٠].

«إذا كان الكتاب قد دعا الذين تلقوا رسالة الله آلهة، ولا يستطيع أحد أن يشكك في المكتوب، فهل تقولون لي: أنت تهين الله لأني قلت: أنا ابن الله لكني بالفعل ذاك الذي اختاره الله وأرسله إلى العالم» [يوحنا ١٠: ٣٥-٣٦].

«فدعا بيلاطس رؤساء الكهنة والعظماء والشعب، وقال لهم: «قد قدمتم إليّ هٰذا الإنسان كمن يفسد الشعب. وها أنا قد فحصت قدامكم ولم أجد في هٰذا الإنسان علة مما تشتكون به عليه. ولا هيرودس أيضا، لأني أرسلتكم إليه. وها لا شيء يستحق الموت صنع منه. فأنا أؤدبه وأطلقه» [لوقا ٢٣: ١٣].

- آية قبل الصعود للسماء:

«فقال لهما وما هي فقالا المختصة بيسوع الناصري الذي كان إنسانا مقتدرا في الفعل والقول أمام الله وجميع الشعب» [لوقا ٢٤: ١٩] (لم ينكر عليهم ما فهموه، وغير ذلك يعتبر خداع).

- شهادة بطرس بعد صعود المسيح، والشهادة لا بد أن تكون كاملة وإلا هي خداع.

شهادة بطرس بعد رفع المسيح، حيث قال لليهود:

«أيها الرجال الإسرائيليون اسمعوا هذه الأقوال: يسوع الناصري رجل قد تبرهن لكم من قبل الله بقوات وعجائب وآيات صنعها الله بيده في وسطكم، كما أنتم أيضا تعلمون» [أعمال الرسل ٢ – ٢٢].

الترجمة المبسطة:

«تبارك إله ربنا يسوع المسيح وأبوه. ففي رحمته العظيمة ولدنا ثانية» [١ بطرس ١: ٣].

وفي رسالة أعمال الرسل حمل بطرس قول موسى ﷺ الوارد في العهد القديم عن المسيح قوله «إن نبيا مثلي سيقيم لكم الرب إلهكم».

«إذ لابد أن يبقى المسيح في السماء حتى يأتي الزمن الذي يتم فيه الإصلاح الشامل لكل شيء كما أوحى الله إلى أنبيائه الأتقياء منذ القدم. ٢٢ وقد قال موسى: سيبعث الله فيكم من بين إخوتكم نبيا مثلي فاسمعوا له في كل ما يكلمكم به. ٢٣ أما من لا يسمع له فسيباد من وسط الشعب» [أعمال الرسل ٣: ٢١-٢٣].

فموسى ﷺ صرح بأن الله ﷺ سيقيم لهم نبيا، ولم يقل سينزل لهم الرب.

ملاحظة:

أما شهادته في حياة المسيح كما جاءت في مرقس ولوقا:

«فقال لهم: «وأنتم من تقولون إني أنا؟» فأجاب بطرس: «أنت المسيح!» [مرقس (٨: ٢٩)]. (فالمقصود بابن الله هو أنه مولود من غير أب بمعجزة وليس هو ابن النجار).

تقولون أن المسيح قال للتلاميذ أنه سيصلب ويقوم بعد ٣ أيام، عندما لم يجدوا المسيح في القبر.

«فإن التلاميذ لم يكونوا حتى ذلك الوقت قد فهموا أن الكتاب تنبأ بأنه لابد أن يقوم من بين الأموات» [يوحنا ٢٠: ٩].

التلاميذ لا يعلموا أن الصلب فداء:

«كيف أسلمه رؤساء كهنتنا وزعماؤنا للحكم عليه بالموت، وكيف صلبوه. وكنا نأمل أن يكون هو الذي يخلص إسرائيل» [لوقا ٢٤: ٢٠-٢١].

النتيجة:

استنتاج ألوهية المسيح والثالوث، جاء بعد موت المسيح وليس في عصره، وتم إقرار ذلك رسميا في مجمع نيقية وما بعده وتم قتل المخالفين وإحراق كتبهم بأمر من الإمبراطور الوثني قسطنطين، اقرأوا التاريخ من مصادركم.

الأدلة المساندة حول هذا الموضوع:

- جاء في موقع الأنبا تكلا هيمانوت تفسيرا لبعض الآيات:

يقول القديس أغسطينوس أن التلاميذ حتى بعد أحداث الصلب والقيامة وصعود السيد المسيح لم يكونوا قادرين على إدراك بعض الحقائق الإيمانية مثل أن العالم قد خلق بواسطة ذاك الذي صلب، وأنه هو ابن الله الذي كسر طريقة حفظ اليهود للسبت، وأيضا أن الله ثالوث، مثل هذه الحقائق لم يدركها التلاميذ بوضوح إلا بالروح القدس الذي وهب لهم بعد صعود المسيح.

- القس فندر فيقول في كتابه «مفتاح الأسرار» مبررا عدم تصريح المسيح بألوهيته في العهد الجديد: «ما كان أحد يقدر على فهم هذه العلاقة والوحدانية قبل قيامه وعروجه... فلو قال صراحة لفهموا أنه إله بحسب الجسم الإنساني... إن كبار ملة اليهود أرادوا أن يأخذوه ويرجموه، والحال أنه ما كان بين ألوهيته بين أيديهم إلا عن طريق الألغاز».

٢- نصوص في التوراة والإنجيل تنفي بقوة أن المسيح هو الله:

التوراة:

أين البشارة بالتجسد المزعوم في التوراة، وكيف يتوقع من اليهود الإيمان به، فهل يريد الله إضلال البشرية؟! فإما أن المسيح عبد ونبي فقط أو هي بشارة بنبي آخر، ولو كان هناك تبشير بتجسد لعلم اليهود ذلك وما اتهموا المسيح بالتجديف لمجرد أنه قال إنه ابن الله؟ (أي مولود بمعجزة من غير أب، حتى لا يقال عنه ابن زنا، وقد قالوا عليهم لعنة الله).

«هوذا عبدي الذي أعضده، مختاري الذي سرت به نفسي، وضعت روحي عليه، فيخرج الحق للأمم» [إش ٤٢ : ١]. (عبدي).

«وقد قال موسى: سيبعث الله فيكم من بين إخوتكم نبيا مثلي فاسمعوا له في كل ما يكلمكم به» [أعمال ٣: ٢٢]. (نبيا، ومثل موسى أي انسان وفقط)

اتهام اليهود للمسيح:

المشتركة:

«وجاء اليهود بحجارة ليرجموه. ❋ فقال لهم يسوع: «أريتكم كثيرا من الأعمال الصالحة من عند الآب، فلأي عمل منها ترجموني؟ ❋ أجابه اليهود: «لا نرجمك لأي عمل صالح عملت، بل لتجديفك. فما أنت إلا إنسان، لكنك جعلت نفسك إلها ❋ فقال لهم يسوع: «أما جاء في شريعتكم أن الله قال: أنتم آلهة؟ ❋ فإذا كان الذين تكلموا بوحي من الله يدعوهم الله آلهة، على حد قول الشريعة التي لا ينقضها أحد ❋ فكيف تقولون لي، أنا الذي قدسه الآب وأرسله إلى العالم: أنت تجدف، لأني قلت: أنا ابن الله» [يوحنا ١٠: ٣١- ٣٦].

(المسيح يؤكد أن ما قاله ليس أنه الله وحتى لم يقل أو يعني أنا والأب واحد معادلا نفسه بالله، ما قال إلا ابن الله تجاوزا لأنه ليس له أب، ليبعد عن نفسه تهمة الزنا).

١٨

الإنجيل:

- المسيح مخلوق:

«واكتب إلى ملاك كنيسة اللاودكيين: هذا يقوله الآمين، الشاهد الأمين الصادق، بداءة خليقة الله» [سفر رؤيا يوحنا ٣ : ١٤].

الترجمة اليسوعية:

«الرب خلقني أولى طرقه قبل أعماله منذ البدء * من الأزل أقمت من الأول من قبل أن كانت الأرض» [الأمثال ٨: ٢٢-٢٣].

(الله خلقه قبل الأرض).

الترجمة الكاثوليكية اليسوعية:

«فمن أجلكم أولا أقام الله عبده وأرسله ليبارككم، فيتوب كل منكم عن سيئاته» [أعمال ٣: ٢٦].

أن المسيح قد ظهر في رؤيا لتلميذه يوحنا.

وقال ما يلي:

«من يغلب فسأجعله عمودا في هيكل إلهي، ولا يعود يخرج إلى خارج، وأكتب عليه اسم إلهي» [الرؤيا ٣].

«لا ينبغي أن تضطرب قلوبكم. آمنوا بالله دائما وآمنوا بي» [يوحنا ١٤ : ١].

إقرار المسيح لليهود:

«فجاء واحد من الكتبة وسمعهم يتحاورون، فلما رأى أنه أجابهم حسنا سأله: أية وصية هي أول الكل؟ * فأجابه يسوع أن أول كل الوصايا: اسمع يا إسرائيل الرب إلهنا رب واحد» [مرقس ١٢: ٢٨-٢٩]. (يسوع يعترف بأن إلهه الله وحسب مفهوم اليهود بدون أقانيم) .

جاء في إنجيل متى:

«ثم أخذه أيضا إبليس إلى جبل عال جدا وأراه جميع ممالك العالم ومجدها. وقال له: أعطيك هذه جميعها إن خررت وسجدت لي! حينئذ قال له يسوع: اذهب يا شيطان. لأنه مكتوب: للرب إلهك تسجد وإياه وحده تعبد» [متى ٤: ٨-١٠].

سيدنا المسيح ﷺ يؤكد على ما هو منصوص في التوراة بأن الرب الإله وحده فقط الذي ينبغي ويصح السجود له وعبادته، وبالتالي فلا تجوز العبادة ولا السجود لأي شيء آخر غيره، سواء كان المسيح الابن أو العذراء الأم أو الصليب أو أي كائن آخر سوى الله ﷻ.

ثم إن نفس امتحان الشيطان لعيسى ﷺ ووسوسته له ومحاولته إضلاله لأكبر دليل، في حد ذاته، على بشرية عيسى المحضة وعدم إلهيته، إذا ما معنى امتحان الشيطان لله خالقه وربه؟! ومتى وكيف يكون الله ﷻ في حاجة للامتحان والاختبار؟!

- قول المسيح أن الأب هو الله الذي في السموات وليس هو في الأرض:

ترجمات أخرى:

المسيح رفع بصره للسماء ولم يخاطب لاهوته:

«والحياة الأبدية هي أن يعرفوك أنت الإله الحق وحدك ويعرفوا المسيح يسوع الذي أرسلته» [يوحنا ١٧: ٣].

المسيح لم يقل: (إن الحياة الأبدية أن يعرفوك أنت الإله المكون من ثلاثة أقانيم الآب والابن والروح القدس).

متى ٢٣

«ولا تدعوا لكم أبا على الأرض لأن أباكم واحد الذي في السماوات» [متى ٢٣: ٩]. (ولم يقل الحال في).

- المسيح يتبرأ من لاهوته:

«أنا لا أقدر أن أفعل من نفسي شيئا كما أسمع أدين ودينونتي عادلة لأني لا أطلب مشيئتي بل مشيئة الأب الذي أرسلني» [يوحنا ٥: ٣٠]. (لم يقل مشيئة اللاهوت الحال بي).

«وإن كنت أنا أدين فدينونتي حق لأني لست وحدي بل أنا والأب الذي أرسلني. * وأيضا في ناموسكم مكتوب أن شهادة رجلين حق. * أنا هو الشاهد لنفسي ويشهد لي الأب الذي أرسلني» [يوحنا ٨: ١٦-١٨].

«ولكنكم الآن تطلبون أن تقتلوني وأنا إنسان قد كلمكم بالحق الذي سمعه من الله» [يوحنا ٨: ٤٠].

«وعاد يسوع إلى منطقة الجليل بقدرة الروح؛ وذاع صيته في القرى المجاورة كلها. وكان يعلم في مجامع اليهود إلي أن قال، ووقف ليقرأ. فقدم إليه كتاب النبي إشعياء، فلما فتحه وجد المكان الذي كتب فيه: «روح الرب علي، لأنه مسحني لأبشر الفقراء؛ أرسلني لأنادي للمأسورين بالإطلاق...» [لوقا ٤: ١٨].

عزيزي القارئ إذا كانت هذه النبوءة التي جاءت على لسان النبي إشعياء هي نبوءة عن المسيح فإنها تقول (روح الرب علي) أي وحي الله. وأنه لم يقل روح الرب هي ذاتي أو أقنومي أو جزئي أو نفسي. وقد ورد في الكتاب المقدس أن روح الرب حلت على ألداد وميداد كما في سفر [العدد ١١: ٢٦]، وعلى صموئيل كما في الإصحاح العاشر الفقرة السادسة من سفر صموئيل. وقد قالها النبي حزقيال عن نفسه في سفره كما في الإصحاح الحادي عشر الفقرة الخامسة يقول حزقيال: «وحل علي روح الرب».

- قول بولس الأب إله الرب يسوع، والله هو الأب:

«ذاكرا إياكم في صلواتي لكي يهب لكم إله ربنا يسوع المسيح، أبو المجد روح حكمة يكشف لكم عنه تعالى لتعرفوه حق المعرفة» [رسالة بولس إلى أهل أفسس ١: ١٦، ١٧].

الرب يسوع إلهه الله ولم يقل يسوع إلهه الله، فهنا لا مجال بأن تقول أنه يتكلم عن ناسوت المسيح.

النص في الإنجيل الإنجليزي:

(God of our Lord)

Ipray that the God of our Lord Jesus Christ, the Father of glory, will give you a spirit of wisdom

في كورنثوس الأولى خضوع الابن للأب يوم القيامة:

«وبعد ذلك النهاية متى سلم الملك لله الأب متى أبطل كل رياسة وكل سلطان وكل قوة ٭ لأنه يجب أن يملك حتى يضع جميع الأعداء تحت قدميه ٭ آخر عدو يبطل هو الموت ٭ لأنه أخضع كل شيء تحت قدميه ولكن حينما يقول إن كل شيء قد أخضع فواضح أنه غير الذي أخضع له الكل ٭ ومتى أخضع له الكل فحينئذ الابن نفسه أيضا سيخضع للذي أخضع له الكل كي يكون الله الكل في الكل (أقنوم الأب هو الباقي) وقال الابن سيخضع دون تحديد أو قول إن ناسوته سيخضع للأب، ولا ناسوت في الملكوت في دينكم» [كورنثوس الأولى ١٥: ٢٤-٢٨].

هناك شخصيتين الأب والرب يسوع، والأب هو رب الأرباب (الله).

بولس الرسالة إلى أهل تيموثاوس الأولى، الترجمة الكاثوليكية اليسوعية:

«وأوصيك، في حضرة الله الذي يحيي كل شيء وفي حضرة المسيح يسوع الذي شهد شهادة حسنة في عهد بنطيوس بيلاطس ٭ أن تحفظ هٰذه الوصية وأنت بريء من العيب واللوم إلى أن يظهر ربنا يسوع المسيح ٭ فسيظهره في الأوقات المحددة له ذٰلك السعيد القدير وحده،ملك الملوك ورب الأرباب ٭ الذي له وحده الخلود ومسكنه نور لا يقترب منه وهو الذي لم يره إنسان ولا يستطيع أن يراه له الإكرام والعزة الأبدية» [بولس ٦: ١٣-١٦]، الذي له الخلود وحده ومسكنه نور هو الأب فقط (الله وحده لا شريك له).

«تبارك إله ربنا يسوع المسيح وأبوه. ففي رحمته العظيمة ولدنا ثانية» [١ بطرس ١: ٣].

يقول بولس في رسالته الأولى إلى كورنثوس الإصحاح الثامن من الترجمة اليسوعية:

«وأما الأكل من لحم ما ذبح للأوثان فنحن نعلم أن لا وثن في العالم، وأن لا إله إلا الله الأحد ✳ وقد يكون في السماء أو في الأرض ما يزعم أنهم آلهة، بل هناك كثير من الآلهة كثير من الأرباب ✳ وأما عندنا نحن، فليس إلا إله واحد وهو الآب، منه كل شيء وإليه نحن أيضا نصير، ورب واحد وهو يسوع المسيح، به كل شيء وبه نحن أيضا» [بولس ٨: ٤-٦].

رسالة بولس إلى أهل أفسس:

«رب واحد، إيمان واحد، معمودية واحدة. إله وآب واحد للكل، الذي على الكل وبالكل وفي كلكم» [بولس ٤: ٦].

وفي رسالته إلى أهل أفسس:

«لهذا أجثو على ركبتي للآب ✳ فمنه تستمد كل أسرة اسمها في السماء والأرض ✳ وأسأله أن يهب لكم، على مقدار سعة مجده، أن تشتدوا بروحه، ليقوى فيكم الإنسان الباطن ✳ وأن يقيم المسيح في قلوبكم بالإيمان، حتى إذا ما تأصلتم في المحبة وأستم عليها [بولس ٣: ١٤-١٧].

ويقول بولس في رسالته الأولى إلى أهل كورنثوس:

«لكني أريد أن تعرفوا أن المسيح رأس الرجل، والرجل رأس المرأة، والله رأس المسيح» [بولس ١١: ٣].

في رسالته الأولى إلى أهل كورنثوس: «كل شيء لكم ✳ وأنتم للمسيح، والمسيح لله» [بولس ٣: ٢٢-٢٣].

رسالة بولس الأولى إلى أهل كورينثوس يقول:

«الله قد أقام الرب وسيقيمنا نحن أيضا بقوته» [٦ : ١٤].

الدياجة الدائمة التي يفتتح بها بولس رسائله فيقول:

«عليكم النعمة والسلام من لدن الله أبينا والرب يسوع المسيح».

ففي كل هذا تأكيد واضح وضوح الشمس في رابعة النهار على التمييز والفصل الكامل بين الله (الأب) والمسيح وأنهما اثنان لا واحد.

معنى الرب يسوع:

الرب هو المعلم والسيد:

الترجمة العربية المشتركة مع الكتب اليونانية:

«٣وإن قال لكما أحد شيئا، فأجيبا السيد محتاج إليهما، وسيعيدهما في الحال» [متى ٢١ : ٣].

ترجمة أخرى:

«٣وإن اعترضكما أحد فقولا إن مولانا بحاجة إليهما وسيسمح لكما في الحال» [متى ٢١ : ٣].

«فقالا ربي! الذي تفسيره: يا معلم! أين تمكث؟» [يوحنا ١ : ٣٨].

خلاصة النصوص:

المسيح:

لم يذكر على لسانه بقول صريح أنه الله أو أن الأب والابن وروح القدس إله واحد، وما يوجد هو العكس.

إيمان بولس:

لم يقل أو يدعي بولس أن المسيح هو الله، بل الأب هو الله وهو إله الابن، وقال إن الأب هو رب الأرباب والمسيح رب استخدمه الله في الخلق وسيخضع له يوم القيامة».

إيمان بطرس:

«الأب هو الله وهو إله الرب يسوع».

الاعترافات المساندة:

– البابا شنودة الثالث في كتابه سنوات مع أسئلة الناس (أسئلة عقدية ولاهوتية) صفحة ٤٦ يقول بأن عيسى لم يقل أنه الله في حياته. والسبب كما يدعي أنه لو قال ذلك لقتلوه في بداية دعوته.

والسؤال الذي يطرح نفسه: لم لم يقل ذلك عندما تحقق موته؟! ولكنه قال: في متى «إلهي إلهي لماذا تركتني؟» [متى ٢٧].

ولماذا أيضا لم يقل ذلك قبل صعوده للسماء؟

كتب توم هاربر في كتاب «من أجل المسيح» For Christ's Sake :

«إن الأمر الأكثر إحراجا بالنسبة للكنيسة هو صعوبة إثبات أي تصريح يتعلق بالعقيدة من خلال وثائق العهد الجديد، وببساطة لا يمكننا أن نجد ذكرا لعقيدة الثالوث في أي مكان من الكتاب المقدس. لقد كان للقديس بولس الفهم الأوسع لدور المسيح وشخصه، إلا أنه لم يقل إن المسيح هو الله في أي مكان من كتاباته، كما أن المسيح نفسه لم يدع صراحة أنه الأقنوم الثاني في الثالوث المقدس وأنه مساو لله تماما».

٣- تفنيد نصوص ألوهية المسيح المبهمة:

الله لا يعجز أن يعلن عن نفسه إن أراد بنصوص صريحة وعلى لسان مرسوله المسيح، أنا الله، وأن الأب والابن وروح القدس إله واحد.

الليلة قبل صلب المسيح وبعد قيامته تنفي ألوهية المسيح المذكورة في النصوص المبهمة حسب إنجيل يوحنا.

«أنتم تدعونني معلما وسيدا، وقد صدقتم، فأنا كذلك. ١٤ فإن كنت، وأنا السيد والمعلم، قد غسلت أقدامكم، ...» [يوحنا ١٣].

الملاحظة:

المسيح يقر مفهوم التلاميذ أنه مجرد معلم وسيد والتي معناها الرب.

نصوص الألوهية المزعومة:

«أنا هو الطريق والحق والحياة * ... * الذي رآني رأى الآب، فكيف تقول: أرنا الآب؟ * ألا تؤمن أني أنا في الآب، وأن الآب في؟ الكلام الذي أقوله لا أقوله من عندي، وإنما الآب الحال في هو يعمل أعماله هذه. * صدقوا قولي: إني أنا في الآب وإن الآب في، وإلا فصدقوني بسبب تلك الأعمال» [يوحنا ١٤: ٦، ٩-١١].

الملاحظة:

كيف يصدق شهادتهم على أنه مجرد سيد ومعلم، ثم يقول لهم بنصوص مبهمة تفيد أنه الله؟!

وهذا ما قاله مباشرة بعدها:

«وبعد هذا الكلام، رفع يسوع عينيه إلى السماء وقال: «يا أبي جاءت الساعة: مجد ابنك ليمجدك ابنك * بما أعطيته من سلطان على جميع البشر حتى يهب الحياة الأبدية لمن وهبتهم له. * والحياة الأبدية هي أن يعرفوك أنت الإله الحق وحدك ويعرفوا المسيح يسوع الذي أرسلته.

⁎ أنا مجدتك في الأرض حين أتممت العمل الذي أعطيتني لأعمله. ⁎ فمجدني الآن يا أبي عند ذاتك بالمجد الذي كان لي عندك قبل أن يكون العالم. ⁎ أظهرت اسمك لمن وهبتهم لي من العالم. كانوا لك، فوهبتهم لي وعملوا بكلامك» [يوحنا ١٧ : ١-٦].

ملاحظة:

المسيح يخاطب شخصا آخر في السماء ويقول له أنت الإله الحقيقي وحدك، ويصلي له، فكيف يريد أن يفهموا التلاميذ أنه كان بكلامه المبهم يقصد أنه الله، ألن يقولوا أنت الله فكيف تدعو الله، ولماذا تقول عليه أنه الإله الحق وحده؟! وبقية التراجم لا تعطف وحدك عل المسيح بل تقول ويعرفوا يسوع المسيح وأيا كان فإن النص واضح في كلا الحالات.

ما جاء من نصوص بعد قيامته:

يوحنا ٢٠

بعد الصلب:

«فناداها يسوع: «يا مريم!» فالتفتت وهتفت بالعبرية: «ربوني»، أي: يا معلم. ⁎ فقال لها: «لا تمسكي بي! فإني لم أصعد بعد إلى الآب، بل اذهبي إلى إخوتي وقولي لهم: إني سأصعد إلى أبي وأبيكم، وإلهي وإلهكم! ⁎ فرجعت مريم المجدلية وبشرت التلاميذ قائلة: «إني رأيت الرب!» وأخبرتهم بما قال لها» [يوحنا ٢٠ : ١٦-١٨].

الملاحظات:

قوله «أخبري التلاميذ بأني سأصعد إلى إلهي وإلهكم»، يدلل أن كل تلك النصوص لم يقصد بها المسيح أنه الله، ولم يفهمها التلاميذ كذلك، وهي تعتبر من آخر ما قال بعد حادثة الصلب.

السؤال الأهم: هل كانوا يفهمون طبيعة المسيح وأن الناسوت هو من قال ذلك؟!

ثم كيف يقول لمريم «اذهبي أخبري التلاميذ بأني سوف أصعد»، وهو سيقابلهم ويأكل معهم؟! فهل غير رأيه، أم أن من قابل التلاميذ روح الشيطان، ليثبت لهم أن المسيح الذي صلب؟! ويضلل البشرية بالفداء.

قالت مريم المجدلية للمسيح ربوني (معلم) وقالت للتلاميذ إني رأيت الرب، مما يعني أن معنى الكلمة اسم علم (المعلم).

وهذا نص في يوحنا يثبت ذلك أيضا:

«فالتفت يسوع ونظرهما يتبعانه فقال لهما: ماذا تطلبان، فقالا: ربي الذي تفسيره يا معلم أين تمكث؟ فقال لهما: تعاليا وانظرا فأتيا ونظرا أين يمكث ومكثا عنده ذلك اليوم».

إذا ما هو مفهوم تلك النصوص المبهمة؟

- معنى تتعبد له الأمم في التوراة

«ينحني أمامه جميع الملوك وتتعبد له كل الأمم» [مزامير ٧٢: ١١].

والترجمة اليسوعية:

«لينحن خضوعا له كل الملوك، ولتخدمه كل الشعوب» [مزامير ٧٢: ١١].

وما ينفي أيضا أن النص يتحدث عن لاهوت قادم هو أن اليهود كانوا منتظرين ملكا وبشر مثل موسى.

تثنية (١٨ : ١٥)

«يقيم لكم الرب إلهكم نبيا من بينكم، من إخوتكم بني قومكم مثلي، فاسمعوا له» [تثنية ١٨: ١٥].

- وكان الكلمة الله

النص ليس على لسان المسيح، والمسيح لم يقل قط أنه هو الكلمة.

- قبل إبراهيم أنا كائن

أزلية المسيح حسب الإنجيل ليست كأزلية الله بل أول خلقه.

والترجمة اليسوعية:

«الرب خلقني أولى طرقه قبل أعماله منذ البدء ٭ من الأزل أقمت من الأول من قبل أن كانت الأرض» [الأمثال ٨: ٢٢-٢٣].

(الله خلقه قبل الأرض)

- ظهور التقوى في الجسد وليس الله

تقول الترجمة العربية المشتركة:

«ولا خلاف أن سر التقوى عظيم: الذي ظهر في الجسد، وتبرر في الروح...».

- مفهوم من رآني فقد رأى الله

هل الله جسد أم نور؟! فكيف تفسرونها أنهم رأوا الله أو هو الله، الله لم يره أحد ولن يراه أحد إلا في الجنة.

إن ما أراده المسيح من هذه العبارة هو: أنه من رأى هذه الأفعال التي أظهرها فقد رأى أفعال أبي، وهذا ما يقتضيه السياق الذي جاءت به هذه الفقرة لأن أسفار العهد الجديد اتفقت على عدم إمكان رؤية الله طبقا للآتي:

- ورد في إنجيل يوحنا ١: ١٨: «الله لم يره أحد قط».

- ما ورد في إنجيل يوحنا ٥: ٣٧: «والآب نفسه الذي أرسلني يشهد لي لم تسمعوا صوته قط ولا أبصرتم هيئته».

- ما ورد في رسالة يوحنا الأولى ٤: ١٢ «الله لم ينظره أحد قط».

- ويقول بولس في ١ تيموثاوس ٦: ١٦ عن الله: «الذي لم يره أحد ولا يقدر أن يراه».

- مفهوم أنا والاب واحد:

- وحدة الهدف

«أيها الآب القدوس احفظ في اسمك الذين وهبتهم لي، ليكونوا واحدا، كما نحن واحد» [يوحنا: ١٧].

أنا ومن أرسلني واحد، ويقول الوكيل: أنا ومن وكلني واحد، لأنه يقوم فيما يؤديه مقامه، ويؤدي عنه ما أرسله به ويتكلم بحجته.

يقول المسيح لتلاميذه السبعين الذين أرسلهم اثنين اثنين إلى البلاد للتبشير:

«الذي يسمع منكم يسمعني والذي يرذلكم يرذلني والذي يرذلني يرذل الذي أرسلني» [لوقا ١٠: ١٦].

- ولفهم النص نعود فنقرأ السياق من أوله، فنرى بأن المسيح كان يتمشى في رواق سليمان في عيد التجديد، فأحاط به اليهود وقالوا: «إلى متى تعلق أنفسنا. إن كنت أنت المسيح فقل لنا جهرا.

أجابهم يسوع: إني قلت لكم ولستم تؤمنون. الأعمال التي أنا أعملها باسم أبي هي تشهد لي، ولكنكم لستم تؤمنون، لأنكم لستم من خرافي كما قلت لكم: خرافي تسمع صوتي، وأنا أعرفها فتتبعني، وأنا أعطيها حياة أبدية، ولن تهلك إلى الأبد، ولا يخطفها أحد من يدي، أبي الذي أعطاني إياها هو أعظم من الكل، ولا يقدر أحد أن يخطف من يد أبي. أنا والآب واحد» [يوحنا ١٠: ٢٤-٣٠].

فالنص من أوله يتحدث عن قضية معنوية مجازية، فخراف المسيح أي تلاميذه يتبعونه، فيعطيهم الحياة الأبدية، أي الجنة، ولن يستطيع أحد أن يخطفها منه (أي يبعدها عن طريقه وهدايته) لأنها هبة الله التي أعطاه إياها، ولا يستطيع أحد أن يسلبها من الله الذي هو أعظم من الكل، فالله والمسيح يريدان لها الخير، فالوحدة وحدة الهدف لا الجوهر، وقد نبه المسيح لهذا حين قال بأن إرادة الله أعظم من إرادته.

لكن اليهود في رواق سليمان كان فهمهم لكلام المسيح سقيمًا - أشبه ما يكون بفهم النصارى له -، لذا «تناول اليهود أيضا حجارة ليرجموه، ... لسنا نرجمك لأجل عمل حسن، بل لأجل تجديف، فإنك وأنت إنسان تجعل نفسك إلهًا».

فعرف المسيح خطأ فهمهم لكلامه، واستغرب منهم كيف فهموا هذا الفهم وهم يهود يعرفون لغة الكتب المقدسة في التعبير المجازي فأجابهم: «أليس مكتوبا في ناموسكم: أنا قلت إنكم آلهة» ومقصده ما جاء في مزامير داود: «أنا قلت إنكم آلهة، وبنو العلي كلكم» [المزمور ٨٢: ٦].

- أنا في الأب والأب في:

«ليكون الجميع واحدا كما أنك أنت أيها الآب في وأنا فيك ليكونوا هم أيضا واحدا فينا ليؤمن العالم أنك أرسلتني» [يوحنا ١٧: ٢١].

رسالة يوحنا (٤: ١٢، ١٣): «إن أحب بعضنا بعضا فالله يثبت فيه، ومحبته قد تكلمت فينا، بهذا نعرف أننا نثبت فيه وهو فينا».

ورد في رسالة يوحنا الأولى [٣: ٢٤] في وصف الله: «من يحفظ وصاياه يثبت فيه وهو فيه، وبهذا نعرف أنه يثبت فينا، من الروح الذي أعطانا».

- الذي رآني فقد رأى الآب:

«الذي رآني فقد رأى الآب» [يوحنا ١٤/ ٩].

طلب منه فيلبس أن يريهم الله، فنهره المسيح وقال له: «ألست تعلم أني أنا في الأب، والأب في، الكلام الذي أكلمكم به لست أتكلم به من نفسي، لكن الأب الحال في هو يعمل الأعمال ...» [يوحنا ١٤: ١٠] أي كيف تسأل ذلك يا فلبس، وأنت يهودي تعلم أن الله لا يرى، فالذي رآني رأى الآب، حين رأى أعمال الله (المعجزات) التي أجراها على يد المسيح.

يشبه هذا النص تماما ما جاء في مرقس: «فأخذ ولدا وأقامه في وسطهم، ثم احتضنه، وقال لهم: من قبل واحدا من أولاد مثل هذا باسمي يقبلني، ومن قبلني فليس يقبلني أنا، بل الذي أرسلني» [مرقس ٩: ٣٧]، فالنص لا يعني أن الطفل الذي رفعه المسيح هو ذات المسيح، ولا أن المسيح هو ذات الله، ولكنه يخبر ﷺ أن الذي يصنع برا بحق هذا الطفل، فإنما يصنعه طاعة ومحبة للمسيح، لا بل طاعة لله وامتثالا لأمره.

فالرؤية هنا معنوية، أي رؤية البصيرة لا البصر، ولهذا التأويل دليل قوي يسوغه، وهو أن عيسى لم يدع قط أنه الآب، ولا يقول بمثل هذا من النصارى أحد سوى الأرثوذكس الذين هم أيضا لا يقولون بأن المسيح هو الآب، لكنهم يقولون: الآب هو الابن، فالمعنى الحقيقي القريب للرؤية مرفوض.

ومما يؤكد أن الرؤيا معنوية أنه قال بعد قليل: «بعد قليل لا يراني العالم أيضا، أما أنتم فترونني» [يوحنا ١٤ / ١٩]، فهو لا يتحدث عن رؤية حقيقية، إذ لا يتحدث عن رفعه للسماء، فحينذاك لن يراه العالم ولا التلاميذ، لكنه يتحدث عن رؤية معرفية إيمانية يراها التلاميذ، وتعشى عنها وجوه العالم الكافر.

ويشهد له ما جاء في متى: «ليس أحد يعرف الابن إلا الأب، ولا أحد يعرف الأب إلا الابن» [متى ١١: ٢٧]، فهو المقصود من الرؤية المذكورة في النصوص السابقة، ونحوه قوله: «فنادى يسوع وقال: الذي يؤمن بي ليس يؤمن بي بل بالذي أرسلني. والذي يراني يرى الذي أرسلني ... لأني لم أتكلم من نفسي، لكن الآب الذي أرسلني هو أعطاني وصية، ماذا أقول وبماذا أتكلم. وأنا أعلم أن وصيته هي حياة أبدية».

- مفهوم الطريق والحق والحياة:

قال له يسوع: «أنا هو الطريق والحق والحياة. ليس أحد يأتي إلى الآب إلا بي» [يوحنا ١٤: ٦].

لا يأتي أحد إلى الله إلا بطاعة أنبيائه.. وقبولهم إياهم .. فهم لا يتكلمون من عند أنفسهم.. فكل نبي هو الطريق إلى الله.. وكذلك المسيح ﷺ.

وإلا لما كان عليه أن يقول في متى (٧: ٢١): «ليس كل من يقول لي يا رب يا رب (أي يا معلم يا معلم) يدخل ملكوت السموات بل الذي يفعل إرادة أبي الذي في السموات».

«الحق الحق أقول لكم إن من يسمع كلامي ويؤمن بالذي أرسلني فله حياة أبدية» [يوحنا ٥: ٢٤].

- مفهوم نور العالم:

«أنا هو نور العالم» [يوحنا ٨: ١٢].

فى الحقيقة هذا النص لا يدل على ألوهية بتاتا لأن التلاميذ أيضا نور للعالم فهل هذا يعنى أنهم آلهة؟!

«أنتم نور العالم» [متى ٥: ١٤]. وهو دلالة أن المسيح والرسل هم الطريق إلى الله باتباع وصاياه.

- غفران الذنوب:

إن كان يستطيع غفران الذنوب فلم لم يغفر لهم هو؟!

«فقال يسوع: يا أبتاه اغفر لهم، لأنهم لا يعلمون ماذا يفعلون» [لوقا ٢٣: ٣٤].

- المسيح ديان:

المسيح لن يدين أحدا، وهو ما أكده يوحنا بقوله: «وإن سمع أحد كلامي ولم يؤمن فأنا لا أدينه، لأني لم آت لأدين العالم بل لأخلص العالم، من رذلني ولم يقبل كلامي فله من يدينه (أي الله وشرعه) الكلام الذي تكلمت به هو يدينه في اليوم الأخير» [يوحنا ١٢: ٤٧-٤٨].

- مفهوم ابن الله:

من قال ابن الله تعادل الله، فهل كلام اليهود حجة عند الله والابن أدنى منزلة من الأب؟

المسيح قال لليهود هل تريدون رجمي لأني قلت ابن الله؟ (يعني لا أعني ولا أقصد أني أنا الله).

من أهم الأسباب التي دعت المسيح بالقول هو ابن الله هي أنه ولد بمعجزة إلهية، ثم ذكر لهم النصوص الأخرى، حتى لا يؤمنوا أنه ابن الله على الحقيقة بل المجاز.

«ألإذا كان الكتاب قد دعا الذين تلقوا رسالة الله آلهة، ولا يستطيع أحد أن يشكك في المكتوب ٭ فهل تقولون لي: أنت تهين الله لأني قلت: أنا ابن الله لكني بالفعل ذاك الذي اختاره الله وأرسله إلى العالم» [يوحنا ١٠: ٣٥-٣٦].

«ولكنكم الآن تطلبون أن تقتلوني، وأنا إنسان قد كلمكم بالحق الذي سمعه من الله. هذا لم يعمله إبراهيم» [يوحنا ٨: ٤٠].

«قينان ابن أنوش، أنوش ابن شيت. شيت ابن آدم. وآدم ابن لله» [لوقا ٣: ٣٨].

«فقال الرب لموسى انظر.انا جعلتك الها لفرعون.وهرون اخوك يكون نبيك» [خروج ٧: ١].

- مفهوم الرب:

الرب هو المعلم والسيد، أما الرب إلهك تعني الله.

الرب هو المعلم والسيد.

الترجمة العربية المشتركة مع الكتب اليونانية

«وإن قال لكما أحد شيئا، فأجيبا السيد محتاج إليهما، وسيعيدهما في الحال».

المسيح أشار إلى الله بالرب إلهك وليس بالرب فقط.

وكذلك أشار إلى الاسم في العهد القديم عندما قال للشيطان «لا تجرب الرب إلهك»، وقال لليهود الرب إلهنا.

وذكر في العهد القديم:

«لا تجربوا الرب إلهكم كما جربتموه في مسة * احفظوا وصايا الرب إلهكم وشهاداته وفرائضه التي أوصاكم بها» [تثنية ٦: ١٦-١٧].

والنصوص الإنجليزية تفرق المسيح وبين الله، فتطلق على الابن lord والأب God.

٤- نفي عقيدة الخلاص:

- لا وجود لمفهوم تحمل المسيح لخطية آدم على لسان المسيح، وتحمله خطايا البشر لخلاصهم، وأن الفداء لابد أن يكون لا محدود وبلا خطية، وأن من لا يؤمن بكل ذلك لن ينال الخلاص.

وما هو موجود نصوص مبهمة كالعادة على لسان المسيح تعارضها نصوص صريحة من العهدين القديم والجديد.

ما جاء في التوراة:

هذه نصوص من التوراة تثبت أن عقاب خطية آدم قد حصل، وأن الخلاص بالإيمان والعمل الصالح، وغير ذلك يعتبر أن الأنبياء خدعوا أتباعهم.

- عقاب الله لخطية آدم على البشرية حصل وانتهى:

«تكثيرا أكثر أتعاب حبلك، بالوجع تلدين أولادا ... وقال لآدم: «لأنك سمعت لقول امرأتك وأكلت من الشجرة التي أوصيتك قائلا: لا تأكل منها، ملعونة الأرض بسببك. بالتعب تأكل منها كل أيام حياتك» [التكوين ٣: ١٦-١٧].

فكانـت الأمـراض والحـروب والفقـر وهلاك الأطفـال، والمـوت نتيجـة لنزول الأرض.

- لا وجود وراثة لخطية آدم سوى ما حصل وانتهى:

«قد قلت في مسامعي، وصوت أقوالك سمعت. قلت: أنا بريء بلا ذنب، زكي أنا ولا إثم لي» [أيوب ٣٣: ٩].

- أما الخطايا التي يرتكبها البشر في الأرض:

«أما هو فرؤوف، يغفر الإثم ولا يهلك. وكثيرا ما رد غضبه، ولم يشعل كل سخطه» [مزمور ٧٨: ٣٨].

- **الخلاص بالإيمان والعمل الصالح:**

«الإنسان الذي كان بارا وفعل حقا وعدلا، لم يأكل على الجبال، ولم يرفع عينيه إلى أصنام بيت إسرائيل، ولم ينجس امرأة قريبه، ولم يقرب طامثا، ولم يظلم إنسانا ... فهو بار، حياة يحيا يقول السيد الرب» [حزقيال ١٨: ٥-٩].

ما جاء في الإنجيل:

- لا وجود وراثة لخطية آدم سوى نزول الأرض وتباعته.

١- المسيح يتكلم عن مصير الأطفال:

«وقال: دعوا الأولاد يأتون إلي ولا تمنعوهم لأن لمثل هؤلاء ملكوت الله» [مرقس ١٠: ١٤].

٢- المسيح يتكلم عن سبب خطية اليهود:

«لو لم أكن قد جئت وكلمتهم لم تكن لهم خطية وأما الآن فليس لهم عذر في خطيتهم ٭ الذي يبغضني يبغض أبي أيضا ٭ لو لم أكن قد عملت بينهم أعمالا لم يعملها أحد غيري لم تكن لهم خطية وأما الآن فقد رأوا وأبغضوني أنا وأبي» [يوحنا ١٥: ٢٢-٢٤].

- أما الخطايا التي يرتكبها البشر في الأرض فتكفيرها التوبة.

الترجمة الكاثوليكية اليسوعية:

«فمن أجلكم أولا أقام الله عبده وأرسله ليبارككم، فيتوب كل منكم عن سيئاته» [أعمال ٣: ٢٦].

«إنه هكذا يكون فرح في السماء بخاطئ واحد يتوب...» [لوقا ١٥: ١-٧].

«وإذا واحد تقدم وقال: أيها المعلم الصالح أي صلاح أعمل لتكون لي الحياة الأبدية؟ فقال (المسيح) له: ولماذا تدعوني صالحا؟ ليس أحد صالحا إلا واحد وهو الله. ولكن إذا أردت أن تدخل الحياة فاحفظ الوصايا» [متى ١٩: ١٦-١٧].

«فجاء واحد من الكتبة وسمعهم يتحاورون، فلما رأى أنه أجابهم حسنا سأله: أية وصية هي أول الكل؟ * فأجابه يسوع أن أول كل الوصايا: اسمع يا إسرائيل الرب إلهنا رب واحد» [مرقس ١٢: ٢٨-٢٩].

(يسوع يعترف بأن إلهه الله وحسب مفهوم اليهود بدون أقانيم).

«فقال له الكاتب جيدا يا معلم بالحق قلت لأنه الله واحد وليس آخر سواه» [مرقس ١٢: ٣٢].

«فلما رآه يسوع أنه أجاب بعقل قال له: لست بعيدا عن ملكوت الله» [مرقس ١٢: ٣٤]. (الخلاص بالإيمان بدون الأقانيم والوصايا بدون الفداء).

«الحق الحق أقول لكم إن من يسمع كلامي ويؤمن بالذي أرسلني تكن له الحياة الأبدية، ولا يحاكم في اليوم الأخير، لأنه قد انتقل من الموت إلى الحياة» [يوحنا ٥: ٢٤].

«فوقف زكا وقال للرب: ها أنا يا رب أعطي نصف أموالي للمساكين، وإن كنت قد وشيت بأحد أرد أربعة أضعاف. فقال له يسوع: اليوم حصل خلاص لهذا البيت، إذ هو أيضا ابن إبراهيم» [لوقا ١٩: ٩].

«لم آت لأدعو أبرارا، بل خطاة إلى التوبة» [لوقا ٥: ٣٢].

(فكيف يوجد أبرار ولم يصلب المسيح بعد).

٥- هل صلب المسيح؟!

سبب وجود المسيح التوبة.

الترجمة الكاثوليكية اليسوعية:

«فمن أجلكم أولا أقام الله عبده وأرسله ليباركم، فيتوب كل منكم عن سيئاته» [أعمال ٣: ٢٦].

ألا يعد أن الأنبياء خدعوا أتباعهم بقولهم أن الخلاص بالإيمان والعمل الصالح ثم ذهبوا للهاوية؟

هل من عدل الله أن يكون الفداء في هذا التوقيت؟ وهل أنتم أفضل من الأنبياء في عدم ذهابكم للهاوية؟

هل الله يقتل تجسده ليتحقق فيه قوله أن النبي الكذاب يقتل، وبجريمة أبشع من جريمة أكل التفاحة؟

لقد أنزل الله آدم الأرض الملعونة وفيها نال الإنسان الأمراض والعذاب وألهم والغم والفقر والجوع والحروب ثم حكم علينا بالموت ثم البعث وهذا هو عقاب الخطية.

كيف يحذر الله اليهود في التوراة من إهانته بالقول فقط، ويتوعدهم بالعقاب الأليم والهلاك، في ذات الوقت في الإنجيل يسلم تجسده لهم ليهان بالقول والفعل، بالاستهزاء والبصق في الوجه، واللكم والصلب كالملعون.

إهانة الرب:

التوراة:

«وقال الرب لموسى: حتى متى يهينني هذا الشعب؟ إني أضربهم بالوبا وأبيدهم» [سفر العدد ١٤: ١٠-١٢].

الإنجيل:

«حينئذ بصقوا في وجهه ولكموه وآخرون لطموه» [متى ٢٦: ٦٧].

«المسيح افتدانا من لعنة الناموس، إذ صار لعنة لأجلنا، لأنه مكتوب: «ملعون كل من علق على خشبة» [غلاطية ٣: ١٣].

«لأن المعلق ملعون من الله. فلا تنجس أرضك التي يعطيك الرب إلهك نصيبا» [التثنية ٢١: ٢٢-٢٣].

بعد الصلب:

«فناداها يسوع: «يا مريم!» فالتفتت وهتفت بالعبرية: «ربوني»، أي: يا معلم. فقال لها: «لا تمسكي بي! فإني لم أصعد بعد إلى الآب، بل اذهبي إلى إخوتي وقولي لهم: إني سأصعد إلى أبي وأبيكم، وإلهي وإلهكم!» [يوحنا ٢٠: ١٦-١٧].

الملاحظة:

كيف يقول لمريم اذهبي أخبري التلاميذ بأني سوف أصعد، وهو سيقابلهم ويأكل معهم؟! فهل غير رأيه، أم أن من قابل التلاميذ روح الشيطان، ليثبت لهم أن المسيح الذي صلب؟! ويضلل البشرية بالفداء.

تقولون إن المسيح قال للتلاميذ أنه سيصلب ويقوم بعد ٣ أيام.

عندما لم يجدوا المسيح في القبر:

«فإن التلاميذ لم يكونوا حتى ذلك الوقت قد فهموا أن الكتاب تنبأ بأنه لابد أن يقوم من بين الأموات» [يوحنا ٢٠: ٩].

التلاميذ لا يعلموا أن الصلب فداء:

«كيف أسلمه رؤساء كهنتنا وزعماؤنا للحكم عليه بالموت، وكيف صلبوه. وكنا نأمل أن يكون هو الذي يخلص إسرائيل» [لوقا ٢٤: ٢٠-٢١].

ما هو رأيك في نبوءات نجاته من الصلب؟

(سفر المزامير ٩١: ١٤): «لأنه تعلق بي أنجيه أرفعه لأنه عرف اسمي».

(فهل قال أقيمه من الموت)

عبرانين ٥ ٧

«الذي في أيام جسده إذ قدم بصراخ شديد ودموع طلبات وتضرعات للقادر أن يخلصه من الموت وسمع له من أجل تقواه».

المزمور (٣٤: ١٩-٢١) «كثيرة هي بلايا الصديق ومن جميعها ينجيه الرب. ويحفظ جميع عظامه، واحد منها لا ينكسر. الشر يميت الشرير ومبغضو الصديق يعاقبون».

المزمور (٤١: ١) «طوبى للذي ينظر إلى المسكين في يوم الشر يحميه الرب. الرب يحفظه ويحييه. يغتبط في الأرض ولا يسلمه إلى مرام أعدائه».

المزمور ٩١: «أنجيك لأنك أحببتني، وأرفعك لأنك عرفتني. تدعوني فأستجيب لك، معك أنا في الضيق أنقذك وأكرمك. من طول الأيام أشبعك وأريك خلاصي».

(يوحنا ١٦: ٣٣) «أنا لست وحدي لأن الأب معي وقد كلمتكم بهذا ليكون لكم في سلام في العالم سيكون لكم ضيق ولكن ثقوا أني قد غلبت العالم».

أوليس هذه النصوص تعارض وبقوة بقية النصوص الخاصة بالصلب؟

وهل النجاة والحماية الموعودة للمسيح وعدم التسليم إلى مرام الأعداء كما في النصوص، تكون بتسليمه لهم، والبصق في وجهه، واللكم والجلد، والصلب كالملاعين، وموته ثلاثة أيام ثم قيامته؟!

وهل استجابة الله لدعائه تعني صلبه؟!

ثم ألا يعني أن صراخه ودعاءه وخشيته من القبض عليه، يثبت أنه لا علم له بالفداء ولاهوته الذي هو معه لم يوح له بذلك؟!

(لوقا ٢٢) «وإذ كان في جهاد؛ كان يصلي بأشد لجاجة، وصار عرقه كقطرات دم نازلة على الأرض».

ثم إن كسر عظام يديه وأرجله بالمسامير كما تقول النبوءة تدل على أنه ليس المسيح؟! لأن المسيح لا يكسر منه عظم.

يوحنا (١٩: ٣٦): «وقد حدث هذا ليتم ما جاء في الكتاب: لن يكسر منه عظم».

(المزمور ٢٢): «ثقبوا يدي ورجلي، أحصى كل عظامي، وهم ينظرون ويتفرسون في، يقسمون ثيابي بينهم، وعلى لباسي يقترعون».

وهل يصح أن من كان الله معه، ومن غلب العالم؛ كما جاء في يوحنا، يغلبه أعداؤه ويصلبونه؟!

أما بخصوص النصوص التي تثبت صلب المسيح فهي تتناقض مع النصوص التي تثبت أن الله نجاه، مع ملاحظة أن عملية الصلب حدثت ولكن للشبيه، والدليل على ترجيح أحاديث النجاة، هو أن هناك فرق وقساوسة عبر التاريخ لم يؤمنوا بصلب المسيح، بل بصلب الشبيه وأن هناك مخطوطات ما قبل الإسلام تقول بذلك.

وأخيرا ...

هل تنبأ يسوع فعلا بصلبه وقيامته من الموت؟ إن مسار أحداث ما بعد الصلب يشير إلى أن التلاميذ لم يسمعوا من يسوع مثل هذه النبوءة قط، ولم يخطر ببال أحدهم ولو على سبيل الأمنية أن يسوع قد يقوم من بين الأموات. ولا أدل على ذلك من أن من اكتشف القبر الفارغ لم يخطر له أن يسوع قد قام حقا وصدقا، ومن سمع بقصة القبر الفارغ منهم لم يصدق الخبر ولم يفسره بقيامة يسوع بل على أنه هذيان نسوة مفجوعات بمعلمهن. وحتى بعد ظهور يسوع القائم من بين الأموات لبعض التلاميذ، فإن من لم يره منهم لم يصدق رواية الذي رآه وأنكر القصة، لأن فكرة القيامة كانت أبعد ما تكون عن تصوره، ولم تكن جزءا من عقيدة زرعها يسوع في تلاميذه.

في كتابه «الأرطقات مع دحضها» ذكر القديس الفونسوس ماريا دي ليكوري أن من بدع القرن الأول قول فلوري: إن المسيح قوة غير هيولية، وكان يتشح ما شاء من الهيئات، ولذا لما أراد اليهود صلبه؛ أخذ صورة سمعان القوريني، وأعطاه صورته، فصلب سمعان

يقول فنتون شارح متى، وقد استمر إنكار صلب المسيح، فكان من المنكرين الراهب تيودورس (٥٦٠م) والأسقف يوحنا ابن حاكم قبرص (٦١٠م) وغيرهم.

إنجيل بطرس (يعود تاريخه لما قبل الإسلام).

على لسان بطرس: «رأيته يبدو كأنهم يمسكون به وقلت ما هذا الذي أراه يا سيد؟ هل هو أنت حقا من يأخذون؟.. أم أنهم يدقون قدمي ويدي شخص آخر؟ قال لي المخلص.. من يدخلون المسامير في يديه وقدميه هو البديل. [رؤيا بطرس ٢٤-٤، ٨١، نجع حمادي ٣٤٤] (Pagels.TGGp.72)

وفي مخطوطة أخرى من هذه المخطوطات وهي كتاب «سيت الأكبر Second Treatise of Great Seth».

جاء على لسان المسيح «كان شخص آخر، هو الذي شرب المرارة والخل، لم أكن أنا... كان آخر الذي حمل الصليب فوق كتفيه، كان آخر هو الذي وضعوا تاج الشوك على رأسه. وكنت أنا مبتهجا في العلا.. أضحك لجهلهم». [رسالة شيث الكبير الثانية ١٩-٦، ٥٦، نجع حمادي ٣٣٢] (Pagels.TGGp.72-73).

ولا يوجد في سفر الأقوال، ولا في سفر توما المكتشف حديثا، أية إشارة عن قصة الآلام والصلب، مع أنها كتبا في وقت مبكر أي حوالي ثلاثين عاما قبل أن تكتب أي من الأسفار الأربعة القانونية.

٦- إنجيل المسيح المفقود:

لا تقل أن معنى الإنجيل فقط هو البشارة، فكل النصوص تدل على أنه رسالة، وتعاليم، وحكم، حتى وإن كان معناها فقط البشارة، فالبشارة تتكون من نصوص وتفاصيل ولا بد من أن تدون.

تقول الكنيسة إن الأناجيل الحالية دونت بعد موت المسيح بين أعوام ٧٠ و١٠٠م تقريبا، بإرشاد وتوجيه من روح القدس، وأن المسيح لم يكن لديه كتاب سماوي اسمه الإنجيل.

إن المسيح كان يعلم الناس في الهيكل، فهل يعقل أن أحد لم يدون تعاليمه وحكمه وأقواله حينها؟! وهل هناك تعليم دون تدوين؟! وما قاله المسيح وعلمه حينها هو الإنجيل الأصيل، الذي تكلم عنه القرآن.

متى (٤: ٢٣): «وكان يسوع يطوف كل الجليل ويعلم فى مجامعهم ويكرز ببشارة الملكوت ويشفى كل مرض وكل ضعف فى الشعب».

(يوحنا ١٧: ٨): «لأن الكلام الذي أعطيتني قد أعطيتهم، وهم قبلوا وعلموا يقينا أني خرجت من عندك».

أدلة مساندة:

قول بولس: «الذين لا يطيعون إنجيل ربنا يسوع، الذين سيعاقبون بهلاك أبدي» [تسالونيكي ٢١/٨ –٩].

ومعنى يطيع تشير إلى وصايا وأوامر وليس بشارة فقط.

كانت العلاقة بين الآب والابن محل نقاش لعقود قبل زمن آريوس؛ كثف آريوس النقاشات حول تلك المسألة، ونقل أفكاره إلى جمهور الكنيسة التي أكد يوسابيوس النيقوميدي وغيره أن تأثيرها ظل كبيرا لفترات طويلة.

إن المسيحية لم تنبثق دفعة واحدة من ذهن يسوع كما يتخيل البعض، وإنما كانت ثمرة تاريخ ممتد من الصراعات والإضافات المتناقضة المتتالية وتم نسجها فعلا عبر المجامع على مر التاريخ. لذلك يظل السؤال مطروحا لليوم: من الذي أسس المسيحية حقا: يسوع، بولس، أو مارسيون؟! فلقد كانت هناك فرقا متنافرة ومتناحرة كالفريسيين، والصدوقيين، والأسينيين، والثوار، وأتباع يوحنا، والعديد غيرها لذلك لا بد من أخذ كل هذه التيارات في الاعتبار عند الحديث عن الإطار العام الديني والثقافي آنذاك.

فعلى أي أساس تم اختيار العقيدة الحالية وتم إحراق الكثير من الكتب والمخطوطات وإعدام من خالفها؟! وكان الإحراق والإعدام في عهد قسطنطين الوثني اعتمادا على قرارات مجمع نيقية عام ٣٢٥م.

المجمع الثاني ٣٨١م.

اعتماد الروح القدس إله.

التأم المجمع المسكوني الثاني في القسطنطينية، بناء على دعوة الامبراطور ثيوذوسيوس الكبير لنقاش مخلوقية الروح القدس أيضا أبرز محاربي الأقنوم الثالث كان مقدونيوس بطريرك القسطنطينية.

أعمال وقوانين المجمع:

دحض الآباء القديسون أقوال أعداء الروح القدس، مثبتين من الكتاب الإلهي بأنه هو «الرب» كما الآب والابن، في حين لم يكن في نظر المقدونيين سوى أحد الأرواح الخادمة. والسؤال الذي يطرح نفسه وبقوة: هل يعقل أن يكتشف أن هناك أقنوم ثالث

للإله ويثبت بعد ٣٠٠ عام من موت المسيح ويحتاج الأمر إلى مجمعات، فهل تلك رسالة إلهية أم ألغاز؟!

اعتراف:

جاء في موقع الأنبا تكلا هيمانوت تفسيرا لبعض الآيات:

يقول القديس أغسطينوس إن التلاميذ حتى بعد أحداث الصلب والقيامة وصعود السيد المسيح لم يكونوا قادرين على إدراك بعض الحقائق الإيمانية مثل أن العالم قد خلق بواسطة ذاك الذي صلب، وأنه هو ابن الله الذي كسر طريقة حفظ اليهود للسبت، وأيضا أن الله ثالوث قدوس: الآب والابن والروح القدس، وأن الابن واحد مع الآب ومساو له في ذات الجوهر إلخ. مثل هذه الحقائق لم يدركها التلاميذ بوضوح إلا بالروح القدس الذي وهب لهم بعد صعود المسيح.

٨- التحريف في الإنجيل:

يقول الله ﷺ: ﴿ ...يُحَرِّفُونَ ٱلْكَلِمَ مِنْ بَعْدِ مَوَاضِعِهِ... ۝ ﴾ [المائدة].

يقول المؤرخ الكبير ول ديورانت:

«وترجع أقدم النسخ التي لدينا من الأناجيل الأربعة إلى القرن الثالث. أما النسخ الأصلية فيبدو أنها كتبت بين عامي ٦٠، ١٢٠م، ثم تعرضت بعد كتابتها مدى قرنين من الزمان لأخطاء في النقل، ولعلها تعرضت أيضا لتحريف مقصود يراد به التوفيق بينها وبين الطائفة التي ينتمي إليها الناسخ أو أغراضها»[1].

تحريف المخطوطات:

https://m.youtube.com/playlist?list=PLscSW3SSyQxgaO71CLJlvB

6tKmi4A-yG4

تحريف التراجم:

بعض من أمثلة التحريف:

أولا: إضافة كلمة الله بدل (الذي):

رسالة بولس الأولى إلى تيموثاوس فصل ٣ عدد ١٦: وهو ليس على لسان عيسى

«وبالإجماع عظيم هو سر التقوى: الله ظهر في الجسد، تبرر في الروح، تراءى للملائكة، كرز به بين الأمم، أومن به في العالم، رفع في المجد».

أغلب الترجمات العربية تختلف مع ترجمة الفانديك الشهيرة في ترجمة هذا النص، فتذكره بلفظ (الذي)، وبدون كلمة (الله).

---

(١) قصة الحضارة للمؤرخ ول ديورانت، ج١١ ص٢٠٧-٢١٠ طبعة دار الجيل، بيروت، ترجمة ذكي نجيب محمود.

تقول الترجمة العربية المشتركة:

«ولا خلاف أن سر التقوى عظيم: الذي ظهر في الجسد، وتبرر في الروح ...».

تقول الترجمة الرهبانية اليسوعية:

«ولا خلاف أن سر التقوى عظيم: قد أظهر في الجسد، وأعلن بارا في الروح وتراءى للملائكة ...».

تقول ترجمة وليم واطس بلندن عام ١٨٥٨م:

«ويقينا سر تقوى عظيم، ذلك الذي ظهر بالجسد، وتبرر بالروح، وترايا للملايكة».

ثانيا: حذف كلمة (يعرفوا) على المسيح حتى يقولوا إنه معطوف فهو مشارك في كلمة وحدك.

«وهذه هي الحياة الأبدية: أن يعرفوك أنت الإله الحقيقي وحدك ويسوع المسيح الذي أرسلته» (يو ١٧: ٣).

ترجمات أخرى:

«والحياة الأبدية هي أن يعرفوك أنت الإله الحق وحدك ويعرفوا يسوع المسيح الذي أرسلته».

Eternal life is to know you, the only true God, and to know Jesus Christ, the one you sent.

And eternal life means knowing you, the only true God, and knowing Jesus Christ, whom you sent

ثالثا: استبدال كلمة (عبدي) التي تشير إلى عبودية المسيح، في التوراة إلى فتاي في الإنجيل وكذلك في بعض ترجمات الإنجيل:

جاء في سفر إشعياء (التوراة) النص الأصلي:

(لإش ٤٢: ١): «هوذا عبدي الذي أعضده مختاري الذي سرت به نفسي وضعت روحي عليه فيخرج الحق للأمم».

وفي الإنجيل تم التبديل (متى ١٢: ١٧، ١٨): «لكي يتم ما قيل باشعياء النبي القائل، هوذا فتاي الذي اخترته حبيبي الذي سرت به نفسي اضع روحي عليه فيخبر الامم بالحق».

أما في الإنجيل في بعض التراجم:

ترجمة SAT

أعمال الرسل (٣: ٢٦): «وعندما أقام الله فتاه يسوع، أرسله إليكم أنتم أولا، لكي يبارككم بأن يرد كل واحد منكم عن طرقه الشريرة».

أما الترجمة الكاثوليكية اليسوعية للإنجيل:

أعمال (٣: ٢٦): «فمن أجلكم أولا أقام الله عبده وأرسله ليبارككم، فيتوب كل منكم عن سيئاته».

النص في معظم الأناجيل الإنجليزية تنص على (عبد).

[26]Unto you first God, having raised up his Servant, sent him to bless you, in turning away every one of you from your iniquities.

مثال آخر في الإنجيل:

أعمال الرسل (٣: ١٣): «إن إله إبراهيم وإسحق ويعقوب إله آبائنا مجد فتاه يسوع».

العهد الجديد المطبعة الكاثوليكية:

أعمال الرسل [٣: ١٣، ٢٦]: «إن إله إبراهيم وإسحاق ويعقوب، إله آبائنا، قد مجد عبده يسوع».

رابعا: ترجمة اسم الله (ياهوي) بالعبرية إلى الرب في التوراة (والاسم لا يترجم) وذلك حتى يدعوا أنه عيسى الذي ذكر في الإنجيل.

النص المزور في التوراة:

«أنا الرب، هذا اسمي، ومجدي لا أعطيه لأحد».

النص الحقيقي:

أنا ياهوي هذا اسمي، ومجدي لا أعطيه لأحد.

"I am Yahweh. That is my name. I will not give my glory to another, nor my praise to engraved images".

يهوه اسم الله وحده ولا يمكن أن يعطيه لغيره:

«هكذا قال يهوه صانعها. الرب مصورها ليثبتها، يهوه اسمه»

«الرب إله الجنود يهوه اسمه»

«ويعلمون أنك أنت وحدك اسمك يهوه العلى على كل الأرض».

«هأنذا أعرفهم هذه المرة، وأعرفهم يدى، وجبروتى، فيعرفون أن أسمى يهوه».

خامسا: ترجمة مولانا والسيد إلى الرب في الإنجيل:

إنجيل(متى ٢١: ٣): «وإن قال لكما أحد شيئا، فقولا: الرب محتاج إليهما. فللوقت يرسلهما».

الترجمة العربية المشتركة مع الكتب اليونانية: «وإن قال لكما أحد شيئا، فأجيبا: «السيد محتاج إليهما، وسيعيدهما في الحال».

الإنجيل بالعبرية وترجمته:

And if anyone should say to you anything, you say, HaAdon has need of them. And he will send them immediately.

if anyone says anything to you, say, "The master needs them, and he'll send them back straight away".

ترجمة أخرى:

«وإن اعترضكما أحد فقولا: إن مولانا بحاجة إليهما وسيسمح لكما في الحال».

سادسا: تزوير نص بالكامل لمحاولة إثبات الثالوث:

إنجيل متي (٢٨: ١٩): «فاذهبوا وتلمذوا جميع الأمم وعمدوهم باسم الآب والابن والروح القدس».

لا يوجد مكان في كتاب أعمال الرسل (أو أي مكان آخر في الأناجيل الأخرى) تم التعميد فيه باسم الثالوث.

أعمال (١٠): «عندئذ أمرهم أن يعتمدوا باسم يسوع المسيح.، ثم طلبوا منه أن يبقى أياما».

وهذا دال على إلحاقية نص التثليث وعدم أصالتها.

بل إن أمره لهم بالتبشير لغير بني إسرائيل لم يحدث بدليل قصة موجودة في الإنجيل تثبت عدم علم التلاميذ بالتبشير لغير بني إسرائيل وهم من اتخذوا القرار، وهي موجوده في سفر أعمال الرسل ١٠ و١١، ثم هل جملة عمدوهم باسم الآب والابن وروح القدس تعني هذا الثالوث هو الله ومكوناته.

سابعا: تحريف الترجمة والتفسير لنص موجود في رسالة بولس، حيث إن الترجمة اليسوعية تثبت أن الأب هو الله وهو إله الابن، لأن الأب هو رب الأرباب وملك الملوك، فجعلوا رب الأرباب في النص عائده للمسيح.

بولس الرسالة إلى أهل تيموثاوس الاولى الإصحاح السادس، الترجمة الكاثوليكية اليسوعية:

«١٣ وأوصيك، في حضرة الله الذي يحيي كل شيء وفي حضرة المسيح يسوع الذي شهد شهادة حسنة في عهد بنطيوس بيلاطس، ١٤ أن تحفظ هٰذه الوصية وأنت بريء من العيب واللوم إلى أن يظهر ربنا يسوع المسيح. ١٥ فسيظهره في الأوقات المحددة له، ذٰلك السعيد القدير وحده،ملك الملوك ورب الأرباب، ١٦ الذي له وحده الخلود، ومسكنه نور لا يقترب منه، وهو الذي لم يره إنسان، ولا يستطيع أن يراه.، له الإكرام والعزة الأبدية. آمين».

ثامنا: التحريف في الجنة والبعث بالأجساد:

البعث بالأجساد:

الملك جيمس الإنجليزية أيوب ١٩: ٢٥-٢٧ تقول:

And though after my skin worms destroy this body, yet in my flesh shall I see God

و الترجمة الكاثوليكية.. لأيوب ١٩: ٢٥-٢٧ تقول: «وبعد أن يكون جلدي قد تمزق أعاين الله في جسدي. أعاينه أنا بنفسي وعيناي تريانه».

لكن بالرجوع لترجمة الفانديك أيوب ١٩: ٢٥-٢٧ نجدها تقول إنني أقوم من غير جسدي: «وبعد أن يفنى جلدي هذا وبدون جسدي أرى الله».

التحريف في نعيم الجنة:

متى ١٩: (AVD)

«٢٧ فأجاب بطرس حينئذ وقال له: «ها نحن قد تركنا كل شيء وتبعناك. فماذا يكون لنا؟». ٢٨ فقال لهم يسوع: «الحق أقول لكم: إنكم أنتم الذين تبعتموني، في التجديد، متى

جلس ابن الإنسان على كرسي مجده، تجلسون أنتم أيضا على اثني عشر كرسيا تدينون أسباط إسرائيل الاثني عشر. ٢٩وكل من ترك بيوتا أو إخوة أو أخوات أو أبا أو أما أو امرأة أو أولادا أو حقولا من أجل اسمي، يأخذ مئة ضعف ويرث الحياة الأبدية».

ورد في مرقس ١٠: «٢٩فأجاب يسوع وقال: «الحق أقول لكم:ليس أحد ترك بيتا أو إخوة أو أخوات أو أبا أو أما أو امرأة أو أولادا أو حقولا، لأجلي ولأجل الإنجيل، ٣٠إلا ويأخذ مئة ضعف الآن في هذا الزمان، بيوتا وإخوة وأخوات وأمهات وأولادا وحقولا، مع اضطهادات، وفي الدهر الآتي الحياة الأبدية».

ملاحظة:

التلاميذ لم ينالوا شيئا في الحياة الدنيا مما يؤكد أنه نعيم في الآخرة.

وفي متى لأنه لم يذكر أنه في الدنيا تم حذف كلمة امرأة في بقية التراجم.

تاسعا: محاولة لإثبات أن المسيح هو الله في الفاندايك ولكن الآية التي بعدها تفضحهم، وكذلك الترجمة المشتركة تفضحهم.

يوحنا ١٠ فاندايك: «٣٤ أجابهم يسوع: «أليس مكتوبا في ناموسكم: أنا قلت إنكم آلهة؟، ٣٥ إن قال آلهة لأولئك الذين صارت إليهم كلمة الله، ولا يمكن أن ينقض المكتوب».

يوحنا ١٠ مشتركة: «٣٤فقال لهم يسوع: «أما جاء في شريعتكم أن الله قال: أنتم آلهة؟، ٣٥فإذا كان الذين تكلموا بوحي من الله يدعوهم الله آلهة، على حد قول الشريعة التي لا ينقضها أحد».

عاشرا: تبديل كلمة إله بكلمة الله، ومن المعروف أن معنى إله غير معنى الله.

يوحنا ١٠ الفاندايك: «٣٣ أجابه اليهود قائلين: «لسنا نرجمك لأجل عمل حسن، بل لأجل تجديف، فإنك وأنت إنسان تجعل نفسك إلها».

يوحنا ١٠ الحياة: «٣٣أجابوه: «لا نرجمك بسبب أي عمل صالح، بل بسبب تجديفك: لأنك تجعل نفسك الله، وأنت إنسان».

الحادي عشر: تم تحريف النص في إنجيل متى بحذف عبارة (الرب إلهنا رب واحد) وحذفت عبارة (الله واحد)، ووضعت مكانها عبارة (الرب إلهك) لأن الكاتب انتبه أنه لا يمكن للمسيح أن يقول (الرب إلهنا) لأن هذا اعتراف منه بأن الله ربه وأنه مخلوق!

الأصحاح ١٢ من إنجيل مرقس:

«٢٨فجاء واحد من الكتبة وسمعهم يتحاورون، فلما رأى أنه أجابهم حسنا، سأله: «أية وصية هي أول الكل؟» ٢٩فأجابه يسوع: «إن أول كل الوصايا هي: اسمع يا إسرائيل. الرب إلهنا رب واحد. ٣٠وتحب الرب إلهك من كل قلبك، ومن كل نفسك، ومن كل فكرك، ومن كل قدرتك. هذه هي الوصية الأولى. ٣١وثانية مثلها هي: تحب قريبك كنفسك. ليس وصية أخرى أعظم من هاتين». ٣٢فقال له الكاتب: «جيدا يا معلم. بالحق قلت، لأنه الله واحد وليس آخر سواه. ٣٣ومحبته من كل القلب، ومن كل الفهم، ومن كل النفس، ومن كل القدرة، ومحبة القريب كالنفس، هي أفضل من جميع المحرقات والذبائح». ٣٤فلما رآه يسوع أنه أجاب بعقل، قال له:«لست بعيدا عن ملكوت الله». ولم يجسر أحد بعد ذلك أن يسأله!».

نلاحظ في هذا الإنجيل حقيقة صارخة تؤكد أن الله واحد وليس ثلاثة، وهذا الكلام على لسان السيد المسيح الذي يؤكد أن أهم وصية بقوله (الرب إلهنا رب واحد) وتأمل كلمة (إلهنا) فيها اعتراف بأن الله هو إله المسيح، وهو رب واحد، فيجب علينا أن نحبه وأن نحب أقرباءنا. فهاتين أهم وصيتين كما يقول المسيح.

[إنجيل متى، الأصحاح ٢٢].

«٣٤أما الفريسيون فلما سمعوا أنه أبكم الصدوقيين اجتمعوا معا، ٣٥وسأله واحد منهم، وهو ناموسي، ليجربه قائلا: ٣٦«يا معلم، أية وصية هي العظمى في الناموس؟» ٣٧فقال له يسوع:«تحب الرب إلهك من كل قلبك، ومن كل نفسك، ومن كل فكرك.

٣٨هذه هي الوصية الأولى والعظمى. ٣٩والثانية مثلها: تحب قريبك كنفسك. ٤٠بهاتين الوصيتين يتعلق الناموس كله والأنبياء». ٤١وفيما كان الفريسيون مجتمعين سألهم يسوع ٤٢قائلا:«ماذا تظنون في المسيح؟ ابن من هو؟» قالوا له:«ابن داود». ٤٣قال لهم: «فكيف يدعوه داود بالروح ربا؟ قائلا: ٤٤قال الرب لربي: اجلس عن يميني حتى أضع أعداءك موطئا لقدميك. ٤٥فإن كان داود يدعوه ربا، فكيف يكون ابنه؟» ٤٦فلم يستطع أحد أن يجيبه بكلمة. ومن ذلك اليوم لم يجسر أحد أن يسأله بتة».

الثاني عشر: وأخيرا إليك المفاجأة إنجيل جديد يصدر من كنيسة بور سعيد عام ٢٠٠٦م:

ترجمة الفاندايك وتراجم أخرى:

المسيح هو: «بكر كل خليقة» (كو ١: ١٥).

وهي تعني أنه مخلوق.

ترجمة بور سعيد الجديدة الطبعة الثانية:

«المولود قبل كل خليقة» (كو ١: ١٥)

ترجمة الإنجيل:

«واكتب إلى ملاك كنيسة اللاودكيين: «هذا يقوله الآمين، الشاهد الأمين الصادق، بداءة خليقة الله».

سفر رؤيا يوحنا (٣: ١٤)

ترجمة بور سعيد عام ٢٠٠٦م:

هذا يقوله الأمين الشاهد الأمين الصادق أصل خليقة الله.

سفر رؤيا يوحنا (٣:١٤)

٩- جميع نصوص تبشير الأمم على لسان المسيح، أما أنها مضافه من قبل الكنيسة، أو أن سفر أعمال الرسل ١٠، ١١، غير صحيح.

النصوص على لسان المسيح:

إنجيل متي ٢٨: «١٩ فاذهبوا وتلمذوا جميع الأمم».

مرقس ١٦: «١٥ وقال لهم اذهبوا إلى العالم أجمع واكرزوا بالإنجيل للخليقة كلها».

و.... و.... و....

قصة أعمال الرسل ١٠، ١١، تثبت عدم علم التلاميذ بضرورة التبشير للأمم، وأن وصية المسيح لهم بعد القيامة بتبشير اليهود فقط، ولكن تبشير الأمم جاء بقرار من بطرس ووافقه التلاميذ على ذلك.

القصة:

أعمال الرسل ١٠

قصة بطرس وكورنيليوس

عظة بطرس

«٣٤ فقال بطرس: «أرى أن الله في الحقيقة لا يفضل أحدا على أحد، ٣٥ فمن خافه من أية أمة كانت وعمل الخير كان مقبولا عنده. ٣٦ أرسل كلمته إلى بني إسرائيل يعلن بشارة السلام بيسوع المسيح الذي هو رب العالمين. ٣٧ وأنتم تعرفون ما جرى في اليهودية كلها، ابتداء من الجليل بعد المعمودية التي دعا إليها يوحنا، ٣٨ وكيف مسح الله يسوع الناصري بالروح القدس والقدرة، فسار في كل مكان يعمل الخير ويشفي جميع الذين استولى عليهم إبليس، لأن الله كان معه. ٣٩ ونحن شهود على كل ما عمل من الخير في بلاد اليهود وفي أورشليم. وهو الذي صلبوه وقتلوه. ٤٠ ولكن الله أقامه في اليوم الثالث وأعطاه أن يظهر، ٤١ لا للشعب كله، بل للشهود الذين اختارهم الله من قبل، أي لنا نحن الذين

أكلوا وشربوا معه بعد قيامته من بين الأموات. ٤٢ وأوصانا أن نبشر الشعب ونشهد أن الله جعله ديانا للأحياء والأموات. ٤٣ وله يشهد جميع الأنبياء بأن كل من آمن به ينال باسمه غفران الخطايا».

حلول الروح القدس على غير اليهود

٤٤ وبينما بطرس يتكلم، نزل الروح القدس على جميع الذين يسمعون كلامه. ٤٥ فتعجب أهل الختان الذين رافقوا بطرس حين رأوا أن الله أفاض هبة الروح القدس على غير اليهود أيضا، ٤٦ لأنهم سمعوهم يتكلمون بلغات غير لغتهم ويعظمون الله. فقال بطرس: ٤٧ «هؤلاء الناس نالوا الروح القدس مثلنا نحن، فمن يمكنه أن يمنع عنهم ماء المعمودية؟» ٤٨ وأمرهم بأن يتعمدوا باسم يسوع المسيح. فدعوه إلى أن يقيم عندهم بضعة أيام.

أعمال (١١: ١٧)

عرض بطرس لقراره على التلاميذ

«١٧ فإن كان الله قد أعطاهم الموهبة كما لنا أيضا بالسوية مؤمنين بالرب يسوع المسيح فمن أنا أقادر أن أمنع الله، ١٨ فلما سمعوا ذلك سكتوا وكانوا يمجدون الله قائلين إذا أعطى الله الأمم أيضا التوبة للحياة، ١٩ أما الذين تشتتوا من جراء الضيق الذي حصل بسبب إستفانوس فاجتازوا إلى فينيقية وقبرس وإنطاكية وهم لا يكلمون أحدا بالكلمة إلا اليهود فقط».

وبعد مدة من هذه القصة يؤكد بولس هذا الكلام أمام الجميع.

أعمال ١٥: «٧ وبعد نقاش كثير، وقف بطرس وقال: «أيها الإخوة، أنتم تعلمون أنه منذ مدة طويلة شاء الله أن يسمع غير اليهود كلمة البشارة على لساني ويؤمنوا. ٨ وقد شهد الله العليم بما في القلوب على قبوله لهم إذ وهبهم الروح القدس كما وهبنا إياه. ٩ فهو لم يفرق بيننا وبينهم في شيء».

الخلاصة:

نصوص تبشير الأمم على لسان المسيح مضافة من قبل الكنيسة، والذي قرر التبشير للأمم هو بطرس ووافقه التلاميذ، وحسب إقرار بطرس أن المسيح لم يأمرهم إلا بتبشير اليهود قبل صعوده، وذلك حسب ما جاء في أعمال الرسل ١٠ و١١ بكل وضوح.

والأمر الآخر كون عمل المسيح ورسالته لبني إسرائيل فقط، فإن ذلك يبطل الادعاء بأن يكون صلبه إن حدث، فداء للبشرية جمعاء.

وهذه الأدلة تساند القصة والخلاصة.

متى ١٠ : ٥ «هؤلاء الاثنا عشر أرسلهم يسوع وأوصاهم قائلا:«إلى طريق أمم لا تمضوا، وإلى مدينة للسامريين لا تدخلوا، ٦ بل اذهبوا بالحري إلى خراف بيت إسرائيل الضالة».

متى ١٥ : ٢٤ : «فأجاب وقال: «لم أرسل إلا إلى خراف بيت إسرائيل الضالة».

يوحنا ١ : ١١ : «إلى خاصته جاء».

أعمال الرسل ٥ : ٣٠ «إله آبائنا أقام يسوع الذي أنتم قتلتموه معلقين إياه على خشبة. ٣١ هذا رفعه الله بيمينه رئيسا ومخلصا، ليعطي إسرائيل التوبة وغفران الخطايا».

أعمال الرسل ١٠ : ٤١ «أي لنا نحن الذين أكلوا وشربوا معه بعد قيامته من بين الأموات. ٤٢ وأوصانا أن نبشر الشعب ونشهد أن الله جعله ديانا للأحياء والأموات».

ثبوت تحريف في أحد النصوص:

يؤكد عدم أصالة آية التعميد بالثالوث مفسرو الكتاب المقدس ومؤرخو المسيحية كما نقل ذلك المطران كيرلس سليم بسترس – رئيس أساقفة بعلبك وتوابعها للروم الكاثوليك – بقوله:

يرجح مفسرو الكتاب المقدس أن هذه الوصية التي وضعها الإنجيل على لسان يسوع ليست من يسوع نفسه، بل هي موجز الكرازة التي كانت تعد الموعوظين للمعمودية في الأوساط اليونانية، فالمعمودية في السنوات الأولى للمسيحية كانت تعطى (باسم يسوع المسيح) (أع ٢ / ٣٨، ١٠ / ٤٨) أو (باسم الرب يسوع) (أع ٨ / ١٦، ١٩ / ٥).

١٠- قدرات المسيح محدودة لا تساوي قدرة الله

- الله يحي ويميت

لم يذكر الإنجيل نهائيا أن المسيح أمات وأحيا.

- المسيح لا يعلم الغيب

ما الحكمة من أن الله جعل في الإنجيل آية صريحة وواضحة، تثبت عجز المسيح في معرفة هل شجرة التين فيها ثمر أم لا، عندما جاع وأراد أن يأكل والجواب على ذلك هو حتى يعلم جميع الخلق أن المسيح بشر عاجز، لا معجزات لديه إلا ما أذن الله له بها.

(مرقس ١١: ١٢-١٤): «وفي الغد، لدى خروجهم من بيت عنيا جاع. ١٣ وأبصر من بعيد شجرة تين مورقة، فذهب لعله يجد شيئا عليها. ولكن لما جاء إليها لم يجد شيئا سوى الورق، لأنه لم يكن موسم التين. ١٤ فقال لها: «لا يأكل أحد ثمرا منك بعد إلى الأبد»؟

مرقس [١٣: ٣٢] أن المسيح بعدما سئل عن موعد الساعة قال: «وأما ذلك اليوم وتلك الساعة فلا يعرفهما أحد، لا الملائكة الذين في السماء ولا الابن، إلا الآب».

- المسيح يحتاج لقوة الملائكة

في لوقا [٢٢: ٤٣] أن المسيح بعدما وصل وتلامذته إلى جبل الزيتون واشتد عليه الحزن والضيق حتى أن عرقه صار يتصبب كقطرات دم نازلة «ظهر له ملاك من السماء يقويه!»

ونحن نسأل:

كيف يحتاج ابن الله المتحد مع الله إلى ملاك من السماء ليقويه؟

حينما أحيا لعازر، فإنه ورد بإنجيل يوحنا [١١: ٤١] عنه الآتي: «ورفع يسوع عينيه إلى السماء وقال: «أيها الآب، أشكرك لأنك سمعت لي، وقد علمت أنك دوما تسمع لي. ولكني قلت هذا لأجل الجمع الواقف حولي ليؤمنوا أنك أنت أرسلتني».

إن قيام المسيح بأن رفع نظره نحو السماء هو فعل مناف للألوهية لأن هذا الفعل يأتيه الإنسان عادة عندما يطلب الإمداد السماوي من الله وهذا لا يتفق مع كون المسيح صورة الله وأن الآب حال فيه كما يزعم المسيحيون.

١١- الجهاد وحد الردة في التوراة وموافقة المسيح على ذلك:

ثم تعترضون على الجهاد وحد الردة في الإسلام، فماذا تسمون أنفسكم؟!

موافقة المسيح على الجهاد وحد الردة في التوراة:

«لا تظنوا أني جئت لأنقض الناموس أو الأنبياء. ما جئت لأنقض بل لأكمل. فإني الحق أقول لكم: إلى أن تزول السماء والأرض لا يزول حرف واحد أو نقطة واحدة من الناموس حتى يكون الكل» [متى ٥: ١٧].

جهاد التوراة:

(التثنية ٢٠: ١٠-١٨): «حين تقرب من مدينة لكي تحاربها استدعها إلى الصلح، ١١فإن أجابتك إلى الصلح وفتحت لك، فكل الشعب الموجود فيها يكون لك للتسخير ويستعبد لك. ١٢وإن لم تسالمك، بل عملت معك حربا، فحاصرها. ١٣وإذا دفعها الرب إلهك إلى يدك فاضرب جميع ذكورها بحد السيف. ١٤وأما النساء والأطفال والبهائم وكل ما في المدينة، كل غنيمتها، فتغتنمها لنفسك، وتأكل غنيمة أعدائك التي أعطاك الرب إلهك. ١٥هكذا تفعل بجميع المدن البعيدة منك جدا التي ليست من مدن هؤلاء الأمم هنا. ١٦وأما مدن هؤلاء الشعوب التي يعطيك الرب إلهك نصيبا فلا تستبق منها نسمة ما، ١٧بل تحرمها تحريما: الحثيين والأموريين والكنعانيين والفرزيين والحويين واليبوسيين، كما أمرك الرب إلهك، ١٨لكي لا يعلموكم أن تعملوا حسب جميع أرجاسهم التي عملوا لآلهتهم، فتخطئوا إلى الرب إلهكم».

وفي سفر إشعيا [١٣: ١٦] يقول الرب: «وتحطم أطفالهم أمام عيونهم وتنهب بيوتهم وتفضح نساؤهم». انظر لقوة العقاب تحطيم الأطفال أمام أعين والديهم، وفضح النساء.

سفر التثنية [٢٠: ١٦]: «أما مدن الشعوب التي يهبها الرب إلهكم لكم ميراثا فلا تستبقوا فيها نسمة حية، بل دمروها عن بكرة أبيها».

قتل الحيوانات قطع الأشجار.

جاء في الإنجيل أن المسيح أمر بجهاد التفرقة بين الأقارب وغيرهم، المؤمنين منهم وغير المؤمنين، وأما جهاد السلاح فهو في النزول الثاني وهو ذبح الأعداء بالسيف، وذلك في معركة هرمجدون.

ويكون أعداء الإنسان أهل بيته. من أحب أباه وأمه أكثر مما يحبني، فلا يستحقني. ومن أحب ابنه أو ابنته أكثر مما يحبني، فلا يستحقني. ومن لا يحمل صليبه ويتبعني، فلا يستحقني. من وجد نفسه يخسرها، ومن خسر نفسه من أجلي يجدها (متى ١٠ : ٣٦-٣٧).

وما حدث الفساد المسيحي إلا بسبب نصوص التوراة وتأويلا لأقوال المسيح في الإنجيل.

حد الردة:

في سفر التثنية أيضا [١٧ : ٢ - ٧]: «إذا ارتكب بينكم، رجل أو امرأة، مقيم في إحدى مدنكم التي يورثكم إياها الرب إلهكم، الشر في عيني الرب متعديا عهده، فغوى وعبد آلهة أخرى وسجد لها أو للشمس أو للقمر أو لأي من كواكب السماء مما حظرته عليكم، وشاع خبره، فسمعتم به، وتحققتم بعد فحص دقيق أن ذلك الرجس اقترف في إسرائيل، فأخرجوا ذلك الرجل أو تلك المرأة، الذي ارتكب ذلك الإثم إلى خارج المدينة، وارجموه بالحجارة حتى يموت».

أحداث التاريخ:

الملكة اليصابات البروتستانتية تقول: «بأن أرواح الكفرة سوف تحرق في جهنم أبدا، فليس هناك أكثر شرعية من تقليد الانتقام الإلهي بإحراقهم على الأرض».

القديس أوغسطين المسيحي يقول بأن: «عقاب الملحدين من علامات الرفق بهم حتى يخلصوا».

وكتب ميخائيل بطريرك أنطاكية: «إن رب الانتقام استقدم من المناطق الجنوبية أبناء إسماعيل (المسلمين)، لينقذنا بواسطتهم من أيدي الرومانيين (المسيحيين الكاثوليك)».

بطريرك القسطنطينية مخاطبا قسطنطين في القرن الرابع الميلادي: «اعطني الدنيا وقد تطهرت من الملحدين أمنحك نعيم الجنة المقيم».

نقل المؤرخ جيبون عن مذبحة القدس التي رافقت دخول الصليبيين: «إن الصليبيين خدام الرب يوم استولوا على بيت المقدس في (١٥ / ٧ / ١٠٩٩م) أرادوا أن يكرموا الرب بذبح سبعين ألف مسلم، ولم يرحموا الشيوخ ولا الأطفال ولا النساء، حطموا رؤوس الصبيان على الجدران، وألقوا بالأطفال الرضع من سطوح المنازل، وشووا الرجال والنساء بالنار».

غوستاف لوبون في كتابه (حضارة العرب) حيث يقول عن محاكم التفتيش: «يستحيل علينا أن نقرأ دون أن ترتعد فرائضنا من قصص التعذيب والاضطهاد التي قام بها المسيحيون المنتصرين على المسلمين المنهزمين، فلقد عمدوهم عنوة، وسلموهم لدواوين التفتيش التي أحرقت منهم ما استطاعت من الجموع، واقترح القس بليدا قطع رؤوس كل العرب دون أي استثناء ممن لم يعتنقوا المسيحية بعد، بما في ذلك النساء والأطفال، وهكذا تم قتل أو طرد ثلاثة ملايين عربي، وكان الراهب بيلدا قد قتل في قافلة واحدة للمهاجرين قرابة مائة ألف في كمائن نصبها مع أتباعه، وكان بيلدا قد طالب بقتل جميع العرب في أسبانيا بما فيهم المتنصرين، وحجته أن من المستحيل التفريق بين الصادقين والكاذبين فرأى أن يقتلوا جميعا بحد السيف، ثم يحكم الرب بينهم في الحياة الأخرى، فيدخل النار من لم يكن صادقا منهم».

١٢- المعــزي:

المبشر به من قبل المسيح ليس هو الروح القدس:

الأدلة على ذلك:

هل أطلق على الروح القدس قبل ذلك اسم المعزي؟!

الروح القدس كان موجود فكيف يأتي الموجود؟!

إن كان روح القدس هو المبشر به وهو من أخرج لهم الحق وجههم، لماذا هناك بعض الاختلافات والتناقض في الأناجيل المعتمده؟!

ولماذا لم يذكر صراحة الناسوت واللاهوت والأقانيم وأن المسيح هو الله، أيعجز الله عن ذلك؟!

ولماذا كانت هناك أناجيل معتمده وأناجيل غير معتمده وتناقضات خاصة في قصة الصلب فأين حماية الروح القدس؟!

وكل ذلك يدل على أن عمل روح القدس لم يكن لإخراج الحق وأخبارهم بالأمور.

استعمل يوحنا في حديثه عن البارقليط أفعالا حسية (الكلام، والسمع، والتوبيخ) في قوله: «كل ما يسمع يتكلم به»، وهذه الصفات لا تنطبق على الألسنة النارية التي هبت على التلاميذ يوم الخمسين، إذ لم ينقل أن الألسنة النارية تكلمت يومذاك بشيء، وأما الروح فغاية ما يصنعه إنما هو الإلهام القلبي.

ومما يؤكد خطأ الترجمة أن اللفظة اليونانية «بيركلوتس» اسم لا صفة، فقد كان من عادة اليونان زيادة السين في آخر الأسماء، وهو ما لا يصنعونه في الصفات.

«إن لم أنطلق لا يأتيكم المعزي»؛ ومن صفات الآتي أنه يجيء بعد ذهاب المسيح من الدنيا، فالمسيح وذلك الرسول المعزي لا يجتمعان في الدنيا، وهذا ما يؤكد مرة أخرى أن المعزى لا يمكن أن يكون الروح القدس الذي أيد المسيح طيلة حياته، بينما المعزي لا يأتي

الدنيا والمسيح فيها، وروح القدس سابق في الوجود على المسيح، وموجود في التلاميذ من قبل ذهاب المسيح.

وهل هذه الروح أفضل عندهم من المسيح حتى يقول: من الخير لكم أن أنطلق؛ لأنه إن لم أنطلق لا يأتيكم المعزي؟!

وهم يقولون: إن الروح القدس قد جاءت وحلت في تلاميذ المسيح بعد عشرة أيام من رحيله، فهل كانت هذه مدة كافية حتى يتهيئوا للأمور التي كان يريد المسيح أن يخبرهم بها، ولكن منعه من قولها عدم قدرتهم على احتمالها قبل عشرة أيام؟!

قول عيسى (فهو يشهد لي، وتشهدون أنتم أيضا) يدل بالضرورة على أن شهادة المعزي تختلف عن شهادة التلاميذ، الأمر الذي لا يستقيم إذا فهمنا أن المعزي هو الروح القدس لأن حلوله في التلاميذ يجعل شهادتهم شهادته نفسها، أي شهادة واحدة.

جاء في يوحنا: «روح الحق الذي من عند الآب ينبثق» يوحنا ١٥: ٢٦.

الفرق المسيحية مختلفة فأكثرهم يقولون بانبثاق الروح القدس من الآب والابن معا وأقلهم يقولون بانبثاقه من الآب وحده؟ واختلافهم بل ذهاب الاكثرية إلى القول بانبثاقه من الآب والابن معا يدل على أنهم لا يقصدون (روح الحق) على أنه روح القدس، لا سيما بعد علمنا بكون النص معروفا لهم. وقد ورد إن الروح تعبر عن النبي.

«روح الحق» الموجودة بكل النصوص، ما عدا نصا واحدا أشرنا إليه باعتبار أنه هو النص الوحيد الذي يصف الروح بأنه روح القدس يوحنا (١٤: ٢٦).

وهذا يدلل أن الأقرب هو روح الحق تشير إلى إنسان يسمع ويتكلم.

«فسألوه وقالوا له: فما بالك تعمد إن كنت لست المسيح ولا إيليا ولا النبي».

وهذا يعني أن اليهود كانوا منتظرين لثلاث نبوات علموها من كتابهم التوراة، فإن كان المسيح أحدهم، فيبقى اثنان: إيليا والنبي.

• فأما عن النبي فهو يوحنا المعمدان، وذلك من خلال هذه الآية من التوراة: «هأنذا أرسل ملاكي فيهيئ الطريق أمامي».

وهو ما يؤكده القمص (أنطونيوس) إذ يقول: «هأنذا أرسل ملاكي فيهيئ الطريق أمامي = هو يوحنا المعمدان ... ولذلك يجمع كل أحد أن يوحنا كان نبيا ... وقد هيأ الطريق أمام المسيح بدعوة الناس إلى التوبة.. وبعد يوحنا يأتي المسيح مباشرة.

فيقول القمص (أنطونيوس فكري) ما نصه: «هنا يتكلم عن يوم الدينونة حينما يأتي المسيح في مجيئه الثاني ... ولكن لأن ملاخي قد أنهى نبوته بنبوتين، واحدة عن مجيء يوحنا المعمدان كسابق للمسيح في مجيئه الأول، ونبوة عن مجيء إيليا كسابق للمسيح في مجيئه الثاني».

أدلة مساندة:

لو كان الأمر واضحاً بأنه الروح القدس لما ادعى البعض أنه المبشر به مونتنوس في القرن الثاني (١٨٧م) أنه المعزي القادم، ومثله صنع ماني في القرن الرابع، وتشبه بالمسيح فاختار اثنا عشر تلميذا وسبعون أسقفا أرسلهم إلى بلاد المشرق.

ويقول أسقف بني سويف الأنبا أثناسيوس في تفسيره لإنجيل يوحنا «إن لفظ بارقليط إذا حرف نطقه قليلا يصير (بيركليت)، ومعناه: الحمد أو الشكر، وهو قريب من لفظ أحمد».

ويسأل عبد الوهاب النجار الدكتور كارلو نيلنو – الحاصل على الدكتوراه في آداب اليهود اليونانية القديمة – عن معنى كلمة «بيركلوتس» فيقول: «الذي له حمد كثير».

أدوين جونس في كتابه «نشأة الديانة المسيحية» يعترف بأن معنى البارقليط: محمد، لكنه يطمس اعترافه بكذبة لا تنطلي على أهل العلم والتحقيق، فيقول بأن المسيحيين أدخلوا هذا الاسم في إنجيل يوحنا جهلا منهم بعد ظهور الإسلام وتأثرهم بالثقافة الدينية للمسلمين.

- وذكر الهاشمى فى كتابه (سر إسلامى) أنه جاء فى الإنجيل المكتوب باللغة القبطية الذى كتبه أحد البطاركة عام ٥٠٦ ميلادية ما معناه (الآتى بعدى يسمى الفارقليط بندكراطور أى الروح المنشق اسمه من اسم الحمد سيبعث الحياة فى أمة ليست لها من الحياة نصيب إلا الضلال فى برية فاران كجحاش الأتن». وذكر أن هذا الإنجيل منزوع الغلاف وذكر كاتبه فى ديباجته أنه نقله من أصول الانجيل الحقيقى.

- وذكر القس الإسبانى انسلم تورميرا أن سبب دخوله فى الإسلام فى القرن الثامن الهجرى هو تحققه من معنى فارقليط فقد ذكر فى كتابه تحفة الأريب فى الرد على أهل الصليب أنه سأل مرة عالم الدين المسيحى نقلاد مارتيل عن معنى كلمة البارقليط فقال له (اعلم يا ولدى أن البارقليط اسم من أسماء نبى المسلمين وعليه أنزل الكتاب الرابع المذكور على لسان دانيال).

١٣- تنكر الكنيسة أن هناك جنة فيها نعيم مادي

والسبب أنها تنكر البعث بالأجساد، والنصوص في الكتاب المقدس تثبت أن هناك بعث للأجساد وإن كان هناك بعث لها فسيكون لها نعيم مادي والأرواح سيكون لها نعيم روحي وكلا في وقته.

نعيم الجنة:

متى ١٩ : «٢٧ فأجاب بطرس حينئذ وقال له: «ها نحن قد تركنا كل شيء وتبعناك. فماذا يكون لنا؟». ٢٨ فقال لهم يسوع: «الحق أقول لكم: إنكم أنتم الذين تبعتموني، في التجديد، متى جلس ابن الإنسان على كرسي مجده، تجلسون أنتم أيضا على اثني عشر كرسيا تدينون أسباط إسرائيل الاثني عشر. ٢٩ وكل من ترك بيوتا أو إخوة أو أخوات أو أبا أو أما أو امرأة أو أولادا أو حقولا من أجل اسمي، يأخذ مئة ضعف ويرث الحياة الأبدية».

ملاحظة:

سؤال بطرس للمسيح عن نعيم مادي والتلاميذ لم ينالوا شيئا من ذلك الوعد في الحياة الدنيا، مما يؤكد أنه نعيم في الآخرة.

(متى ٢٦ : ٢٩): «وأقول لكم أني من الآن لا أشرب من نتاج الكرمة هذا إلى ذلك اليوم حينما أشربه معكم جديدا في ملكوت أبي».

(يوحنا ١٤: ٢-٣): «قال يسوع: في بيت أبي منازل كثيرة وإلا فإني كنت قد قلت لكم. أنا أمضي لأعد لكم مكانا وإن مضيت وأعددت لكم مكانا آتي أيضا وآخذكم إلي حتى حيث أكون أنا تكونون أنتم أيضا».

البعث بالأجساد:

دانيال ١٢ / ٢: «وكثيرون من الراقدين في تراب الأرض يستيقظون هؤلاء إلى الحياة الأبدية وهؤلاء إلى العار للازدراء الأبدي».

يوحنا ٥/ ٢٨: «لا تتعجبوا من هذا. فانه تأتي ساعة فيها يسمع جميع الذين في القبور صوته. ٢٩ فيخرج الذين فعلوا الصالحات إلى قيامة الحياة والذين عملوا السيآت إلى قيامة الدينونة».

راجع كتاب السنكسار – مجمع البابا ديوناسيوس "١٤" لدحض بدعة موت النفس (٣ توت).

وأن النفوس بعد خروجها من الجسد ترجع إلي الله الذي أعطاها (جا ١٢: ٧) حيث تبقى في مواضع الانتظار حسب استحقاقها، إلى يوم القيامة عندما يبوق في البوق، فتقوم الأجساد بكلمة الرب (يو ٥: ٢٨، ٢٩)، وتتحد كل نفس بجسدها، وتنال معه إما النعيم أو العذاب الذي لا ينتهي (دا ١٢: ٢).

شهادة أب من أهم آباء القرن الأول .. إكلمندس الروماني.. يتحدث عن القيامة فيسمي الفصل:

We Shall Rise Again, Then, as the Scrip-ture also Testifies.

يقول المسيح:

«ولا تخافوا من الذين يقتلون الجسد ولكن النفس لا يقدرون أن يقتلوها. بل خافوا بالحري من الذي يقدر أن يهلك النفس والجسد كليهما في جهنم» (متى ٢٨: ١٠).

١٤- تلاشي المعجزات

أولا: ما دلالة صحة دينك للملحد، غير قصص ألف ليلة وليلة؟!

الحي هو من بقيت معجزته رغم موته، وليس من أصبح هو ومعجزاته أساطير الأولين في نظر الملاحدة.

ثانيا: معجزات قال عنها المسيح ترافق كل من يؤمن بالحق الذي جاء به، فأروها العالم، إثباتا عن انكم تتبعون الإيمان الحق.

مرقس ١٦: ١٥ «وقال لهم: «اذهبوا إلى العالم أجمع، وبشروا الخليقة كلها بالإنجيل: ١٦ من آمن وتعمد، خلص، ومن لم يؤمن فسوف يدان. ١٧ وأولئك الذين آمنوا، تلازمهم هذه الآيات: باسمي يطردون الشياطين ويتكلمون بلغات جديدة عليهم، ١٨ ويقبضون على الحيات، وإن شربوا شرابا قاتلا لا يتأذون البتة، ويضعون أيديهم على المرضى فيتعافون».

فاندايك:

«١٧ وهذه الآيات تتبع المؤمنين».

اليسوعية:

«١٧ والذين يؤمنون تصحبهم هٰذه الآيات».

ت ع م:

«١٧ وهذه البراهين المعجزية ترافق الذين يؤمنون».

يقول المؤرخ الكبير ول ديورانت:

«وترجع أقدم النسخ التي لدينا من الأناجيل الأربعة إلى القرن الثالث. أما النسخ الأصلية فيبدو أنها كتبت بين عامي ٦٠، ١٢٠م، ثم تعرضت بعد كتابتها مدى قرنين من الزمان لأخطاء في النقل، ولعلها تعرضت أيضا لتحريف مقصود يراد به التوفيق بينها وبين الطائفة التي ينتمي إليها الناسخ أو أغراضها».

ويقول:

«وملاك القول أن ثمة تناقضا كثيرا بين بعض الأناجيل والبعض الآخر، وأن فيها نقاطا تاريخية مشكوكا في صحتها، وكثيرا من القصص الباعثة على الريبة والشبيهة بما يروى عن آلهة الوثنيين. وكثيرا من الحوادث التي يبدو أنها وضعت عن قصد لإثبات وقوع النبوءات الواردة في العهد القديم، وفقرات كثيرة ربما كان المقصود منها تقدير أساس تاريخي لعقيدة متأخرة من عقائد الكنيسة أو طقس من طقوسها»[1].

---

(١) قصة الحضارة، المرجع السابق، ص ٢٠٧-٢١٠.

١٦- اعترافات خطيرة (وشهد شاهد من أهلها)

هذه شهادات من علماء الديانة المسيحية على العقيدة التي تؤمن بها الكنيسة، ومن شك في أحدها فليفتش الكتب:

١ - البابا شنودة الثالث في كتابه سنوات مع أسئلة الناس (أسئلة عقدية ولاهوتية) صفحة ٤٦ يقول بأن عيسى لم يقل إنه الله في حياته. والسبب كما يدعي أنه لو قال ذلك لقتلوه في بداية دعوته.

والسؤال الذي يطرح نفسه لم لم يقل ذلك عندما تحقق موته؟! ولكنه قال في متى ٢٧ «إلهي إلهي لماذا تركتني».

ولماذا أيضا لم يقل ذلك قبل صعوده للسماء؟

٢ - جاء في موقع الأنبا تكلا هيمانوت تفسيرا لبعض الآيات:

يقول القديس أغسطينوس أن التلاميذ حتى بعد أحداث الصلب والقيامة وصعود السيد المسيح لم يكونوا قادرين على إدراك بعض الحقائق الإيمانية مثل أن العالم قد خلق بواسطة ذاك الذي صلب، وأنه هو ابن الله الذي كسر طريقة حفظ اليهود للسبت، وأيضا أن الله ثالوث قدوس: الآب والابن والروح القدس، وأن الابن واحد مع الآب ومساو له في ذات الجوهر إلخ. مثل هذه الحقائق لم يدركها التلاميذ بوضوح إلا بالروح القدس الذي وهب لهم بعد صعود المسيح.

وهذا يعني أن الحجة لم تقم على أهل عصر المسيح وخاصة إذا علمنا أيضا أن الإنجيل كتب بعد ٦٠ عاما على أقل تقدير من وفاة المسيح، فكيف ينتظر منهم الإيمان؟

٣ - يؤكد عدم أصالة آية التعميد بالثالوث مفسرو الكتاب المقدس ومؤرخو المسيحية كما نقل ذلك المطران كيرلس سليم بسترس - رئيس أساقفة بعلبك وتوابعها للروم الكاثوليك - بقوله:

«يرجح مفسرو الكتاب المقدس أن هذه الوصية التي وضعها الإنجيل على لسان يسوع ليست من يسوع نفسه، بل هي موجز الكرازة التي كانت تعد الموعوظين للمعمودية في الأوساط اليونانية، فالمعمودية في السنوات الأولى للمسيحية كانت تعطى (باسم يسوع المسيح) (أع / ٢ / ٣٨، ١٠ / ٤٨) أو (باسم الرب يسوع) (أع / ٨ / ١٦، ١٩ / ٥).

٤ - كتب توم هاربر في كتاب «من أجل المسيح»:

«إن الأمر الأكثر إحراجا بالنسبة للكنيسة هو صعوبة إثبات أي تصريح يتعلق بالعقيدة من خلال وثائق العهد الجديد، وببساطة لا يمكننا أن نجد ذكرا لعقيدة الثالوث في أي مكان من الكتاب المقدس. لقد كان للقديس بولس الفهم الأوسع لدور عيسى وشخصه، إلا أنه لم يقل إن عيسى هو الله في أي مكان من كتاباته، كما أن عيسى نفسه لم يدع صراحة أنه الأقنوم الثاني في الثالوث المقدس وأنه مساو لله تماما. وبما أنه كان يهوديا تقيا فإنه كان سيصعق بمثل هذه الفكرة ويذبها عن نفسه.. إن هذا بحد ذاته سيء للغاية» (من أجل المسيح For Christ's Sake توم هاربر Tom Harpur).

٥ - أدوين جونس في كتابه «نشأة الديانة المسيحية» يعترف بأن معنى البارقليط: محمد، لكنه يطمس اعترافه بكذبة لا تنطلي على أهل العلم والتحقيق، فيقول بأن المسيحيين أدخلوا هذا الاسم في إنجيل يوحنا جهلا منهم بعد ظهور الإسلام وتأثرهم بالثقافة الدينية للمسلمين.

٦ - وذكر الهاشمي في كتابه (سر إسلامي) أنه جاء في الإنجيل المكتوب باللغة القبطية الذي كتبه أحد البطاركة عام ٥٠٦ ميلادية ما معناه «الآتي بعدي يسمى الفارقليط بندكراطور أي الروح المنشق اسمه من اسم الحمد سيبعث الحياة في أمة ليست لها من الحياة نصيب إلا الضلال في برية فاران كجحاش الأتن». وذكر أن هذا الإنجيل منزوع الغلاف وذكر كاتبه في ديباجته أنه نقله من أصول الإنجيل الحقيقي.

٧ - وذكر القس الإسباني انسلم تورميرا أن سبب دخوله في الإسلام في القرن الثامن الهجري هو تحققه من معنى فارقليط فقد ذكر في كتابه تحفة الأريب في الرد على أهل الصليب أنه سأل مرة عالم الدين المسيحي نقلاد مارتيل عن معنى كلمة البارقليط فقال له

(اعلم يا ولدي أن البارقليط اسم من أسماء نبي المسلمين وعليه أنزل الكتاب الرابع المذكور على لسان دانيال).

٨- يقول أسقف بني سويف الأنبا أثناسيوس في تفسيره لإنجيل يوحنا «إن لفظ بارقليط إذا حرف نطقه قليلا يصير (بيركليت)، ومعناه: الحمد أو الشكر، وهو قريب من لفظ أحمد».

٩- في كتابه (الأرطقات مع دحضها) ذكر القديس الفونسوس ماريا دي ليكوري أن من بدع القرن الأول قول فلوري: أن المسيح قوة غير هيولية، وكان يتشح ما شاء من الهيئات، ولذا لما أراد اليهود صلبه؛ أخذ صورة سمعان القوريني، وأعطاه صورته، فصلب سمعان.

١٠- يقول فنتون شارح متى، وقد استمر إنكار صلب المسيح، فكان من المنكرين الراهب تيودورس (٥٦٠م) والأسقف يوحنا ابن حاكم قبرص (٦١٠م) وغيرهم.

١١- إنجيل بطرس على لسان بطرس: «رأيته يبدو كأنهم يمسكون به، وقلت: ما هذا الذي أراه يا سيد؟ هل هو أنت حقا من يأخذون؟.. أم أنهم يدقون قدمي ويدي شخص آخر؟.. قال لي المخلص.. من يدخلون المسامير في يديه وقدميه هو البديل، فهم يضعون الذي بقي في شبهة في العار! انظر إلي، وانظر إليه». [رؤيا بطرس ٢٤-٤، ٨١، نجع حمادي ٣٤٤] (Pagels.TGGp.72).

وفي مخطوطة أخرى من هذه المخطوطات وهي كتاب «سيت الأكبر Second Treatise of Great Seth» جاء على لسان المسيح «كان شخص آخر، هو الذي شرب المرارة والخل، لم أكن أنا... كان آخر الذي حمل الصليب فوق كتفيه، كان آخر هو الذي وضعوا تاج الشوك على رأسه. وكنت أنا مبتهجا في العلا.. أضحك لجهلهم». [رسالة شيث الكبير الثانية ١٩-٦، ٥٦، نجع حمادي ٣٣٢] (Pagels. TGGp.72-73)

ولا يوجد في سفر الأقوال، ولا في سفر توما المكتشف حديثا، أية إشارة لا من قريب ولا من بعيد عن قصة الآلام والصلب، مع أنها كتبا في وقت مبكر أي حوالي ثلاثين عاما قبل أن تكتب أي من الأسفار الأربعة القانونية.

١٢ - يقول المؤرخ الكبير ول ديورانت:

«وترجع أقدم النسخ التي لدينا من الأناجيل الأربعة إلى القرن الثالث. أما النسخ الأصلية فيبدو أنها كتبت بين عامي ٦٠، ١٢٠م، ثم تعرضت بعد كتابتها مدى قرنين من الزمان لأخطاء في النقل، ولعلها تعرضت أيضا لتحريف مقصود يراد به التوفيق بينها وبين الطائفة التي ينتمي إليها الناسخ أو أغراضها»[1].

١٣ - اعترافات يهودية:

هؤلاء هم قوم المسيح أصحاب العهد القديم وهم أدرى به منكم.

إنجيل يوحنا (١١:١): «إلى خاصته جاء».

موقع وزارة الخارجية الإسرائيلية:

إن أهم تعاليم وعقيدة الديانة اليهودية هي الإيمان بالله الواحد الأحد، الفرد الصمد الذي يريد لجميع الشعوب أن تفعل ما هو عادل ورحيم. وقد خلق جميع الناس على صورة الله الذي يستحق المعاملة بكرامة واحترام. انتهى.

موقع وزارة الخارجية الإسرائيلية:

وفي المقام الأول فهو يبين لنا التشابه الديني والأخلاقي المدهش بين الإسلام واليهودية، وبالفعل فلا توجد ديانتان أقرب من بعضهما مثل الإسلام واليهودية. فمن بين الديانات التوحيدية الثلاث تعتبر اليهودية والإسلام، أكثر قرابة. فكلتاهما تنحدر بالفعل من إبراهيم، أبينا الطبيعي والروحي المشترك. إن العلم بهذا الارتباط مجهول في معظمه بين اليهود والمسلمين وقد وقع ضحية العداوة في العصور الحديثة.

---

(١) قصة الحضارة، المرجع السابق، ص ٢٠٧-٢١٠.

الله أبقاهم ليكونوا شهودا عليكم، فهم أدرى الناس بالعهد القديم فلا وجود فيه لفكرة الخلاص بالفداء الإلهي (فهل هم مجانين حتى يرفضون الخلاص لو كان موجودا في التوراة)، ولا يوجد به أي ذكر للأقانيم، ولا وجود فيه لفكرة التجسد (كل ذلك من اختراع الكنيسة المسيحية) وأن المنتظر الأعظم عندهم هو عبد ونبي تخضع له الشعوب، وقد ذهبوا للمدينة المنورة في الصحراء القاحلة لانتظاره، عندما لم تتطابق المواصفات على المسيح، وآثارهم موجودة هناك، ورفضوا محمدا لأنه من سلالة إسماعيل، وهو إثبات لسحب الكرم منهم

١٤ – الربي شمعون بن يوحاي יאחוי רב זועמש זבר

ولد في سنه ٨٠م في الجليل بفلسطين وتوفي في سنه ١٦٠، وهو أحد أكابر علماء اليهود والذي ينسب له كتابه الزوهر ويعتبر يوم وفاته أحد الأعياد اليهودية وهو بعنوان רמועב ג"ר او لاج بعومير، وقد تنبأ شمعون بمجيء مجد الإسماعيليين وسطوتهم علي باقي الأمم وقيام نبي من بينهم يجعله الله رعبا لأعدائه، ولذلك ما جاء في (أسراره حول نهاية العالم» أو ما يعرف باسم the secrets of rabbi simon ben yohai من خلال مقطعين مستشهدا على ذلك بنصوص من التوراة.

١٥ – اعتراف الفاتيكان:

أعمال المجمع بين العامين ١٩٦٢–١٩٦٥، بعد اكتشاف مخطوطات البحر الميت، وشارك في هذه الأعمال ٢٥٠٠ أسقف من مختلف أنحاء العالم ورفع خبراء ومدققين ولاهوتيين ومراقبين من طوائف مسيحية اخرى العدد إلى ٣٥٠٠ شخص، وحفظت نتائج الأعمال في ١٦ وثيقة: ٤ دساتير و٩ مراسيم و٣ إعلانات.

وتعترف النقطة ١٦ بالإسلام على أنه من أهم الديانات السماوية غير المسيحية، وأن تصميم الخلاص إنما يشمل الذين يعترفون بالخالق، ومن بينهم أولا المسلمون الذين يعترفون بإله إبراهيم كما ذكر القرآن فما معنى ذلك؟!

١٧- المعنى الحقيقي للثالوث الذي يجهله العامة وتخفيه الكنيسة:

موقع الأنبا تكلاهيمونت:

كلمة (أقنوم) Hypostasis تفيد المعاني التالية: كائن حي قائم بذاته (أى أنه يستمد أعماله من ذاته وليس من آخر).

يقول الأنبا بيشوي: [هل يمكننا أن نقول إن الكينونة في الثالوث القدوس قاصرة على الآب وحده؟ والعقل قاصر علي الابن وحده؟ والحياة قاصرة علي الروح القدس وحده؟ الجواب: لا ... لا يمكننا أن نقول هكذا، فينبغي أن نلاحظ أنه طبقا لتعاليم الآباء، فإن الكينونة أو الجوهر ليس قاصرا علي الآب وحده. ففي قداس القديس غريغوريوس النزينزي، نخاطب الابن ونقول: «أيها الكائن الذي كان، والدائم إلي الأبد»، لأن الآب له كينونة حقيقية، وهو الأصل في الكينونة بالنسبة للابن والروح القدس، والابن له كينونة حقيقية بالولادة الأزلية، والروح القدس له كينونة حقيقية بالانبثاق الأزلي، ولكن ليس الواحد منهم منفصلا في كينونته أو جوهره عن الآخرين. وكذلك العقل ليس قاصرا علي الابن وحده، لأن الآب له صفة العقل، والابن له صفه العقل، والروح القدس له صفة العقل، لأن هذه الصفة من صفات الجوهر الإلهي. وكما قال القديس أثناسيوس: «إن صفات الآب هي بعينها صفات الابن، إلا صفة واحدة، وهي أن الآب آب، والابن ابن. ثم لماذا تكون صفات الآب هي بعينها صفات الابن؟ إلا لكون الابن هو من الآب، وحاملا لذات جوهر الآب»، ولكننا نقول إن الابن هو الكلمة (اللوغوس)، أو العقل المولود، أو العقل المنطوق به، أما مصدر العقل المولود فهو الآب. وبالنسبة لخاصية الحياة، هي أيضا ليست قاصرة علي الروح القدس وحده، لأن الآب له صفة الحياة، والابن له صفة الحياة، والروح القدس له صفة الحياة، لأن الحياة هي من صفات الجوهر الإلهي. والسيد المسيح قال: «كما أن الآب له حياة في ذاته، كذلك أعطي الابن أيضا أن تكون له حياة في ذاته» (يو ٥: ٢٦). وقيل عن السيد المسيح باعتباره كلمة الله: «فيه كانت الحياة» (يو ١: ٤). ولكن الروح القدس، نظرا لأنه هو الذي يمنح الحياة للخليقة، لذلك قيل عنه إنه هو:

«الرب المحيي» (حسب قانون الإيمان والقداس الكيرلسي)، وكذلك أنه هو «رازق الحياة» أو «معطي الحياة» (حسب صلاة الساعة الثالثة) الاستنتاج: هؤلاء ثلاث كيانات مستقلة، كل منهم له روح وعقل وكلام، وذلك هو الشرك بعينه إن قلتم إنهم إله واحد، وهم الله أو كل واحد هو الله.

١- المسيح:

لم يقل نهائيا أنا الله، ولم يقل إن الله ثالوث، وكل نص يذكر هو مبهم مردود عليه وبقوة، وقال المسيح أن السجود الحقيقي هو ما كان للأب، وأن الأب هو الإله الحقيقي وحده، وغيرها الكثير من النصوص.

إنجيل يوحنا ٤: ٢٣: «ولكن تأتي ساعة، وهي الآن، حين الساجدون الحقيقيون يسجدون للآب بالروح والحق».

وآخر ما قاله بعد النصوص المبهمة التي قالها في الليلة قبل الصلب «أنا والأب واحد، ومن رآني فقد رأى الأب وأنا الحق) هو ما جاء في يوحنا.

يوحنا ١٧: «١ وبعد هذا الكلام، رفع يسوع عينيه إلى السماء وقال: «يا أبي جاءت الساعة: مجد ابنك ليمجدك ابنك ٢ بما أعطيته من سلطان على جميع البشر حتى يهب الحياة الأبدية لمن وهبتهم له. ٣ والحياة الأبدية هي أن يعرفوك أنت الإله الحق وحدك ويعرفوا يسوع المسيح الذي أرسلته ... ٩ أنا أصلي لأجلهم، ولا أصلي لأجل العالم، بل لأجل من وهبتهم لي لأنهم لك. ١٠ كل ما هو لي فهو لك، وكل ما هو لك فهو لي، وأنا أتمجد بهم. ١١ لن أبقى في العالم أما هم فباقون في العالم، وأنا ذاهب إليك. أيها الآب القدوس، إحفظهم باسمك الذي أعطيتني، حتى يكونوا واحدا مثلما أنت وأنا واحد». (هل هذا يعني أنهم يكونون واحد أنهم متجسدين في بعضهم أم هي وحدة الهدف؟).

ما جاء من نصوص بعد قيامته فورا:

يوحنا ٢٠ بعد القيامة مباشرة: «١٦ فناداها يسوع: «يا مريم!» فالتفتت وهتفت بالعبرية: «ربوني»، أي: يا معلم. ١٧ فقال لها: «لا تمسكي بي! فإني لم أصعد بعد إلى الآب، بل اذهبي إلى إخوتي وقولي لهم: إني سأصعد إلى أبي وأبيكم، وإلهي وإلهكم!».

(فهل كانوا يفهمون طبيعة المسيح وأن من قال إلهي وإلهكم هو الناسوت؟!)، وإن أصررتم على النصوص المبهمة، فالنتيجة هي تناقض صارخ في الإنجيل.

الأدلة المساندة حول هذا الموضوع:

- جاء في موقع الأنبا تكلا هيمانوت تفسيرا لبعض الآيات:

يقول القديس أغسطينوس أن التلاميذ حتى بعد أحداث الصلب والقيامة وصعود السيد المسيح لم يكونوا قادرين على إدراك بعض الحقائق الإيمانية مثل أن العالم قد خلق بواسطة ذاك الذي صلب، وأنه هو ابن الله الذي كسر طريقة حفظ اليهود للسبت، وأيضا أن الله ثالوث، مثل هذه الحقائق لم يدركها التلاميذ بوضوح إلا بالروح القدس الذي وهب لهم بعد صعود المسيح.

٢- بطرس:

يشهد بأن إيمانه بأن المسيح مجرد نبي بشر.

الترجمة المبسطة:

«تبارك إله ربنا يسوع المسيح وأبوه. ففي رحمته العظيمة ولدنا ثانية» [رسالة بطرس الأولى ١: ٣].

شهادة بطرس بعد صعود المسيح، والشهادة لا بد أن تكون كاملة وإلا هي خداع.

شهادة بطرس بعد رفع المسيح، حيث قال لليهود

«أيها الرجال الإسرائيليون اسمعوا هذه الأقوال: يسوع الناصري رجل قد تبرهن لكم من قبل الله بقوات وعجائب وآيات صنعها الله بيده في وسطكم، كما أنتم أيضا تعلمون» [أعمال الرسل ٢: ٢٢].

ملاحظة:

أما شهادته في حياة المسيح كما جاءت في مرقس ولوقا

مرقس (٨: ٢٩): «فقال لهم: «وأنتم من تقولون إني أنا؟» فأجاب بطرس: «أنت المسيح!» (فالمقصود بابن الله هو أنه مولود من غير اب بمعجزة وليس هو ابن النجار)

٣- بولس

يؤمن بأن الأب إله الرب (المسيح)، وأن الله خلقه من أجل أن يخلق به الأرض والسموات.

بولس الرسالة إلى أهل تيموثاوس الاولى الإصحاح السادس، الترجمة الكاثوليكية اليسوعية: «١٣ وأوصيك، في حضرة الله الذي يحيي كل شيء وفي حضرة المسيح يسوع الذي شهد شهادة حسنة في عهد بنطيوس بيلاطس ١٤ أن تحفظ هٰذه الوصية وأنت بريء من العيب واللوم إلى أن يظهر ربنا يسوع المسيح. ١٥ فسيظهره في الأوقات المحددة له ذلك السعيد القدير وحده، ملك الملوك ورب الأرباب ١٦ الذي له وحده الخلود ومسكنه نور لا يقترب منه وهو الذي لم يره إنسان ولا يستطيع أن يراه له الإكرام والعزة الأبدية».

رسالة كورنثوس الاولى ٨: ٦: « لكن لنا اله واحد الاب الذي منه جميع الأشياء ونحن له ورب واحد: يسوع المسيح، الذي به جميع الأشياء، ونحن به».

تسالونيكي ١: ٩-١٠: «٩ ورجعتم إلى الله لتخدموا الإله الحي الحقيقي، ١٠ وأنكم تنتظرون مجيء ابنه من السماء».

الأدلة المساندة:

كتب توم هاربر في كتاب «من أجل المسيح For Christ's Sake».

«إن الأمر الأكثر إحراجا بالنسبة للكنيسة هو صعوبة إثبات أي تصريح يتعلق بالعقيدة من خلال وثائق العهد الجديد، وببساطة لا يمكننا أن نجد ذكرا لعقيدة الثالوث في أي مكان من الكتاب المقدس. لقد كان للقديس بولس الفهم الأوسع لدور المسيح وشخصه، إلا أنه لم يقل إن المسيح هو الله في أي مكان من كتاباته، كما أن المسيح نفسه لم يدع صراحة أنه الأقنوم الثاني في الثالوث المقدس وأنه مساو لله تماما».

٤- إريوس ورفاقه ومن جاء بعده

لا يؤمنون بأن المسيح هو الله بل مخلوق سماوي، وبالطبع لا يؤمنون بالثالوث.

٥- الكنيسة

الإقرار بأن المسيح هو الله جاء في عام ٣٢٥م من خلال مجمع نيقية، ثم الإقرار بالثالوث جاء بعد ذلك، وتم محاربة جميع المخالفين من خلال قتل وتهجير وإحراق كتبهم.

٦- الفرق الحالية

شهود يهوه والمورمون والسبتيون، لا يؤمنون بأن المسيح هو الله، ولا يؤمنوا بالثالوث بالطبع.

الكاثوليك والبروستنات والأرثوذكس

يؤمنون بأن المسيح هو الله ويؤمنوا بالثالوث، ويختلفون في طبيعة المسيح، هل هو اله متجسد، أي كل الأفعال تنسب إلى تلك الطبيعة، أو طبيعتين بشرية والهية، ويختلفون في الروح القدس هل هو انبثاق من الأب فقط ام من الأب والابن، وجميعهم يتفقون ان كل اقنوم له (ذات وعقل وروح) كما أوضحنا سابقا.

لأنك أشركت مع الأب مخلوق من غير أب بشري (المسيح) ومخلوق سماوي هو روح القدس وجعلتهم اله واحد، ولو افترضنا أن المسيح مخلوق سماوي كما يقول الإنجيل، فجمعك للأعظم مع الأدنى ليكونوا إله واحد هو عين الشرك!! فالاب هو الرب إله يسوع المسيح بكل وضوح في إنجيلكم، وكذلك لا يوجد تصريح مباشر صريح على لسان المسيح يقول فيه ان الأب والابن وروح القدس إله واحد!!!

- يوحنا (١٤: ٢٨): «سمعتم أني قلت لكم أنا أذهب ثم آتي إليكم. لو كنتم تحبونني لكنتم تفرحون لأني قلت أمضي إلى الآب. لأن أبي أعظم مني».

- سفر رؤيا يوحنا (٣ : ١٤): «واكتب إلى ملاك كنيسة اللاودكيين: «هذا يقوله الآمين، الشاهد الأمين الصادق، بداءة خليقة الله».

سفر الأمثال ٨ والترجمة اليسوعية: «٢٢الرب خلقني أولى طرقه قبل أعماله منذ البدء. ٢٣من الأزل أقمت من الأول من قبل أن كانت الأرض». (الله خلقه قبل الأرض)

- حسب إيمان بولس هناك شخصيتين الأب والرب يسوع، والأب هو رب الأرباب (الله).

بولس الرسالة إلى أهل تيموثاوس الاولى الإصحاح السادس، الترجمة الكاثوليكية اليسوعية: «١٣وأوصيك، في حضرة الله الذي يحيي كل شيء وفي حضرة المسيح يسوع الذي شهد شهادة حسنة في عهد بنطيوس بيلاطس ١٤أن تحفظ هٰذه الوصية وأنت بريء من العيب واللوم إلى أن يظهر ربنا يسوع المسيح.١٥فسيظهره في الأوقات المحددة له ذلك السعيد القدير وحده،ملك الملوك ورب الأرباب ١٦الذي له وحده الخلود ومسكنه نور لا يقترب منه وهو الذي لم يره إنسان ولا يستطيع أن يراه له الإكرام والعزة الأبدية».

رسالة كورنثوس الأولى (٨: ٦): «لكن لنا إله واحد الآب الذي منه جميع الأشياء ونحن له ورب واحد: يسوع المسيح، الذي به جميع الأشياء، ونحن به».

- حسب إيمان بطرس المسيح عبد الله ورسوله:

الشهادة لابد أن تكون كاملة وإلا هي خداع، فالمسيح ما هو إلا بشر.

أعمال الرسل ٢ – ٢٢:

شهادة بطرس بعد رفع المسيح، حيث قال لليهود

«أيها الرجال الإسرائيليون اسمعوا هذه الأقوال: يسوع الناصري رجل قد تبرهن لكم من قبل الله بقوات وعجائب وآيات صنعها الله بيده في وسطكم، كما أنتم أيضا تعلمون».

١ بطرس (٣: ١) الترجمة المبسطة: «تبارك إله ربنا يسوع المسيح وأبوه. ففي رحمته العظيمة ولدنا ثانية».

ملاحظة:

أما شهادته في حياة المسيح كما جاءت في مرقس ولوقا.

مرقس (٢٩ ٨)

فقال لهم: «وأنتم من تقولون إني أنا؟» فأجاب بطرس: «أنت المسيح!» (فالمقصود بابن الله هو أنه مولود من غير اب بمعجزة وليس هو ابن النجار).

- الثالوث في إيمان الكنيسة كما ذكرنا سابقا أن كل أقنوم قائم بذاته (ذات وعقل وروح) ومن كان قائم بذاته الأب (ذات وعقل وروح) يستطيع أن يخلق عقل (له ذات وروح)، وروح (له ذات وعقل) وكلا منهما له مهمة خاصة وكل مخلوق هو عبد لخالقه.

الثالوث كل أقنوم له ذات وعقل وروح، فإن خرجوا من الأب بإرادته فهو إلههم، وإن خرجوا بغير إرادته فهم شركاء.

فما هو دليلك على أنهم خرجوا بغير إرادته؟ وإن قلتم هم أزليون، فكيف يكون الابن مولود والروح منبثق؟! والأزلية هي وكان الله، أب وابن وروح قدس إله واحد.

ما هو دليلكم على أن ابن الله تعادل الله، فقول اليهود ليس بحجة؟! والابن أدنى منزلة من الأب.

– المسيح في القرآن يقول لله عن ما قاله لقومه، وأن ذلك المفهوم حصل بعد صعوده، والقرآن يتحدى أن تأتوا بنصوص صريحة على لسان المسيح:

يقول ﷺ : ﴿ مَا قُلْتُ لَهُمْ إِلَّا مَآ أَمَرْتَنِى بِهِۦٓ أَنِ ٱعْبُدُوا۟ ٱللَّهَ رَبِّى وَرَبَّكُمْ وَكُنتُ عَلَيْهِمْ شَهِيدًا مَّا دُمْتُ فِيهِمْ فَلَمَّا تَوَفَّيْتَنِى كُنتَ أَنتَ ٱلرَّقِيبَ عَلَيْهِمْ وَأَنتَ عَلَىٰ كُلِّ شَىْءٍ شَهِيدٌ ۝ ﴾ [المائدة].

وهذا هو قوله حسب ما جاء في القرآن، بعد حادثة الصلب كما يقول الإنجيل، وهو نص صريح أخير من المسيح، ويدلل أيضا أنه لن يرى التلاميذ، وآخر الكلام هو الحق.

يوحنا: «١٧ فقال لها: «لا تمسكي بي! فإني لم أصعد بعد إلى الآب، بل اذهبي إلى إخوتي وقولي لهم: إني سأصعد إلى أبي وأبيكم، وإلهي وإلهكم!».

والحقيقة أن المسيح حذر من الأنبياء الكذبة فقط، ولم يقل لا أنبياء بعدي، وإلا بولس سيكون أول رسول ونبي كذاب.

غلاطية ١: «من بولس، وهو رسول، لا من قبل الناس ولا بسلطة إنسان، بل بسلطة يسوع المسيح والله الآب الذي أقامه من بين الأموات».

الرسول أعظم من النبي فلا مجال للقول بأنه ليس نبي.

رسالة بولس الرسول الأولى إلى أهل كورنثوس (١٢ : ٢٨): «فوضع الله أناسا في الكنيسة: أولا رسلا، ثانيا أنبياء، ثالثا معلمين، ثم قوات، وبعد ذلك مواهب شفاء، أعوانا، تدابير، وأنواع ألسنة».

رسالة بولس الرسول الأولى إلى أهل كورنثوس (١٣ : ٩): «لأننا نعلم بعض العلم ونتنبأ بعض التنبؤ».

لقد تحققت نبوءة المسيح بظهور أنبياء كذبة كثر بعد رفعه ولكن الله أهلكهم ولم ينصر وينشر دينهم بمعجزة، فمن المحال أن ينصر الله دينا نصرا معجزا وينشر دينا نشرا معجزا، ليصل إلى ثالث دين عالمي معترف به، في الوقت الذي تحداه نبي ذاك الدين إن كان كاذبا فليهلكه، وفي الوقت الذي أنكر فيه ذلك الدين فداءه العظيم الذي خلص بلايين البشر، بل وأنكر إعلانه عن ذاته، بل وتحدى أن يكون المسيح قد قال بلسانه أنه الله أو قال إن الأب والابن وروح القدس إله واحد، وما حصل أن كان محمد كاذب، أقرب إلى الإيمان بعدم وجود إله للكون، من أن يكون الله تركه لأي سبب آخر، فما كان من إله المحبة إن وجد إلا على أقل تقدير التحذير من ظهور نبي كذاب من تلك المنطقة وما حصل هو العكس أوحى بنصوص في العهد القديم والجديد على أقل تقدير توهم أنه نبي في تلك المنطقة.

٢١- تهجم الكنيسة على من شهد للمسيح (المسلمين) وتتودد لمن اهانوا المسيح وامه!!!

القمص تادرس يعقوب ملطي، يؤكد إتهام اليهود للمسيح بالزنا، في تفسيره لإنجيل يوحنا الإصحاح الثامن العدد ٤١:

(إذ قال المخلص أن الله هو أبوه (يو ٥: ١٨) ولم يعرف رجلا بأنه أباه، فلذلك قالوا: «إننا لم نولد من زنا» لمقاومته، مضيفين: «لنا أب واحد وهو الله» (٤١). وكأنهم يقولون له: «إننا نحن الذين لنا أب واحد وهو الله وليس أنت يا من تدعي أنك ولدت من بتول، فأنت ولدت من زنا. إنك تفتخر أنك ولدت من عذراء بقولك أن لك الله وحده هو أبوك. نحن الذين نعرف الله كأب لنا لا ننكر أنه لنا أب بشري»).

وأيضا كريج.س.كينر (٣)

أمه زانية عياذا بالله حسب نصوص الإنجيل علي لسان اليهود.

الدكتور وليم باركلي، أستاذ العهد الجديد بجامعة كلاسكو، يؤكد بأن اليهود أتهموا المسيح بأنه ابن زنا. (٣)

وللأمانة هو يقول رأيين في الأمر وهو الزنا الروحي والرأي الثاني هذا الرآي.

وليد ماكدونالد يؤكد اتهام اليهود بالزنا (٤)

بعد عرضنا لآراء علماء النصاري في إتهام اليهود لمريم وأمه.

وهذا كله ما هو إلا تأكيد علي كلام اليهود ولعدم وجود التلمود بين أيدينا باللغة العربية سنعرض من بعض المواقع اليهودية والمسيحية بتأكيد التلمود على أن مريم – والعياذ بالله – عاهرة أو زانية.

http://www.revisionisthistory.org/talmudtruth.html

Insults Against Blessed Mary

Sanhedrin 106a. Says Jesus' mother was a whore: "She who was the descendant of princes and governors played the harlot with carpenters". Also in footnote #2 to Shabbath 104b of the Soncino edition, it is stated that in the "uncensored" text of the Talmud it is written that Jesus mother, "Miriam the hairdresser," had sex with many men.

والترجمة:

(سنهدرين ١٠٦. يقول أم يسوع كانت عاهرة. وكانت من سلالة الأمراء والحكام لعبت كعاهرة مع النجارين. أيضا فى الحاشية ... جاء فيها أنه / غير مراقب / نص من التلمود وفيه أن أم يسوع / مريم مارست الجنس مع عديد من الرجال).

http://www.come-and-hear.com/dilling/chapt02.html

Thus they call Him [Jesus] the child of a whore and His mother, Mary, a whore, whom she had in adultery

والترجمة:

(ولهذا يدعون يسوع ابن العاهرة وأمه مريم عاهرة حملت به فى زنا).

٢٢ - تحاول الكنيسة إثارة الشبهات عن محمد ﷺ في أخلاقه وتصرفاته لتصرف الأتباع عن حقيقة ما جاء به هذا الدين وإخراجه الحق للأمم، وهذا خلاف الواقع، والقصد من وراء ذلك الإيحاء لهم بأن رسالة محمد غير صادقة لقول المسيح عن الأنبياء الكذبة من ثمارهم تعرفونهم.

نبذة عن خاتم الأنبياء والمرسلين محمد، أخلاقه ووصاياه:

أخلاق محمد ﷺ

إن السعي واللهث خلف الشبهات والأكاذيب في تقييم البشر، وترك اليقين منها، لهو من صفات المفلسين، ومن أخلاق السفلة الشياطين.

شهادة الله له

إن ذكر الله لأخلاق محمد ﷺ في القرآن لهو هو أعظم الشهادة، فلو خالف الخلق الحسن وما كان سائدا في ذلك العصر لكن ذريعة لتكذيب القرآن من قبل قومه واليهود والنصارى من حوله، ولكن الله يعلم أن ذلك لن يحدث، يقول الله ﷺ:

﴿ وَإِنَّكَ لَعَلَىٰ خُلُقٍ عَظِيمٍ ۝ ﴾ [القلم].

ويقول ﷺ: ﴿ لَّقَدْ كَانَ لَكُمْ فِي رَسُولِ ٱللَّهِ أُسْوَةٌ حَسَنَةٌ لِّمَن كَانَ يَرْجُوا ٱللَّهَ وَٱلْيَوْمَ ٱلْآخِرَ وَذَكَرَ ٱللَّهَ كَثِيرًا ۝ ﴾ [الأحزاب].

ومن الأدلة الدامغة على حسن خلقه شهادة أعداءه به وشهادة العلماء والأدباء من غير العرب.

وإن من أدمغ الأدلة على خلق محمد، كون أهله وأقرب الناس إليه يؤمنون به، فقد كانوا مطلعين على أسراره، شاهدوا معجزاته المادية ووقفوا على أخلاقه وحسن عبادته لله، ولو شكوا في صدقه وأخلاقه لما آمنوا به وبما جاء.

قال عنه شعراء العرب:

وأجمـــل مـنـك لم تـلـد النسـاء	وأحـسـن مـنـك لم تـر قـط عيني
كـأنـك قـد خـلـقـت كـما تـشاء	خـلـقـت مـبـرأ مـن كـل عيـب

وهذه مجرد أمثلة من مئات الشهادات على حسن خلق سيد البشر محمد ﷺ:

أولا: شهادة العلماء والأدباء من غير العرب:

قال جرجس سال، في كتابه (مقالة في الإسلام) صفحة ٧٥: «إن محمدا رسول الإسلام كان صالح الأخلاق، ولم يكن على الشر والخبث كما يصفه به خصومه».

الشاعر الفرنسي لامارتين[1]، يقول: «أترون أن محمدا كان صاحب خداع وتدليس، وصاحب باطل وكذب؟! كلا، بعدما وعينا تاريخه، ودرسنا حياته، فإن الخداع والتدليس والباطل والإفك كل تلك الصفات هي ألصق بمن وصف محمدا بها».

ثانيا: شهادة أعدائه من قومه:

سأل هرقل ملك الروم أبا سفيان عن تلك المسائل التي سألها من صفة رسول الله ﷺ، كان فيما قال له: «أو كنتم تتهمونه بالكذب قبل أن يقول ما قال؟ قال: لا. فقال هرقل: فما كان ليدع الكذب على الناس ويذهب فيكذب على الله عز وجل» (رواه البخاري).

ثالثا: شهادة أصحابه

عن أنس ﷺ قال: «كان النبي ﷺ أحسن الناس خلقا» متفق عليه.

عن علي بن أبي طالب ﷺ قال: «كان رسول الله ﷺ أوسع الناس صدرا، وأصدق الناس لهجة، وألينهم عريكة، وأكرمهم عشرة» رواه الترمذي.

---

(١) ألفونس دو لامارتين كاتب وشاعر وسياسي فرنسي رحلة إلى الشرق، وتأملات شعرية من كتاب: السفر إلى الشرق ص٨٤.

وعن صفية بنت حيي ﷺ قالت: «ما رأيت أحسن خلقا من رسول الله ﷺ» – رواه الطبراني في الأوسط بإسناد حسن.

من أقوال ووصايا خاتم الأنبياء والمرسلين محمد ﷺ

يقول الله ﷺ: ﴿لَّا يَنْهَىٰكُمُ ٱللَّهُ عَنِ ٱلَّذِينَ لَمْ يُقَٰتِلُوكُمْ فِي ٱلدِّينِ وَلَمْ يُخْرِجُوكُم مِّن دِيَٰرِكُمْ أَن تَبَرُّوهُمْ وَتُقْسِطُوٓا۟ إِلَيْهِمْ إِنَّ ٱللَّهَ يُحِبُّ ٱلْمُقْسِطِينَ ۝﴾ [الممتحنة].

* من ظلم معاهدا (غير مسلم) أو انتقصه حقا، أو كلفه فوق طاقته، أو أخذ منه شيئا بغير طيب نفس منه، فأنا حجيجه يوم القيامة.

* من آذى ذميا (غير المسلمين في بلاد الاسلام) فقد آذاني، ومن آذاني فقد آذى الله.

* إن الله يعذب الذين يعذبون الناس.

* دعوة المظلوم وإن كان كافرا ليس دونها حجاب.

* الراحمون يرحمهم الرحمن، ارحموا من في الأرض يرحمكم من في السماء.

* الصوم جنة، والصدقة تطفئ الخطيئة كما يطفئ الماء النار.

* أنا زعيم بيت في ربض الجنة لمن ترك المراء وإن كان محقا، وبيت في وسط الجنة لمن ترك الكذب وإن كان مازحا، وبيت في أعلى الجنة لمن حسن خلقه.

* أتحب أن يلين قلبك، وتدرك حاجتك؟ ارحم اليتيم، وامسح رأسه، وأطعمه من طعامك، يلين قلبك وتدرك حاجتك.

* إن من خياركم أحاسنكم أخلاقا.

* إن من أحبكم إلي أحسنكم أخلاقا.

* إنما بعثت لأتمم صالح الأخلاق.

* سئل ﷺ عن أكثر ما يدخل الناس الجنة فقال: «تقوى الله وحسن الخلق».

* أكمل المؤمنين إيماناً، أحسنهم خلقاً، وخياركم خياركم لنسائهم.

* استوصوا بالنساء خيراً.

* خيركم خيركم لأهله وأنا خيركم لأهلي.

* يا أيها الناس أفشوا السلام وأطعموا الطعام وصلوا الأرحام وصلوا بالليل والناس نيام تدخلوا الجنة بسلام.

* ما من ذنب أجدر أن يعجل الله تعالى لصاحبه العقوبة في الدنيا مع ما يدخر له في الآخرة مثل البغي (الظلم) وقطيعة الرحم (القرابة).

* يا رسول الله! من أحق بحسن الصحبة؟ قال: «أمك، ثم أمك، ثم أمك، ثم أبوك، ثم أدناك فأدناك».

* إن لكل دين خلقاً، وإن خلق الإسلام الحياء.

* ما من شيء أثقل في ميزان المؤمن يوم القيامة من خلق حسن، وإن الله يبغض الفاحش البذيء.

* اتق الله حيثما كنت، وأتبع السيئة الحسنة تمحها، وخالق الناس بخلق حسن.

* المؤمن غر كريم، والفاجر خب لئيم.

* المؤمن الذي يخالط الناس ويصبر على أذاهم خير من المؤمن الذي لا يخالط الناس ولا يصبر على أذاهم.

* أربع إذا كن فيك، فلا عليك ما فاتك من الدنيا، صدق الحديث، وحفظ الأمانة، وحسن الخلق، وعفة مطعم.

* إن الله لم يبعثني معنتاً ولا متعنتاً، ولكن بعثني معلماً وميسراً.

* أيها الناس إن ربكم واحد وإن أباكم واحد وكلكم لآدم وآدم من تراب أكرمكم عند الله أتقاكم، وليس لعربى على عجمى فضل إلا بالتقوى.

* أيها الناس إن الشيطان قد يئس أن يعبد فى أرضكم هذه، ولكنه قد رضى أن يطاع فيما سوى ذلك مما تحرقون من أعمالكم فاحذروه على دينكم.

* أيها الناس إن دماءكم وأعراضكم حرام عليكم إلى أن تلقوا ربكم كحرمة يومكم هذا فى شهركم هذا فى بلدكم هذا – ألا هل بلغت اللهم فاشهد، فمن كانت عنده أمانة فليؤدها إلى من ائتمنه عليها

* يا رسول الله أوصني، قال: «اهجري المعاصي فإنها أفضل الهجرة، وحافظي على الفرائض، فإنه أفضل الجهاد، وأكثري من ذكر الله، فإنك لا تأتين لله بشيء أحب إليه من كثرة ذكره».

* ازهد في الدنيا يحبك الله، وازهد فيما عند الناس يحبك الناس.

* أوصاني خليلي محمد ﷺ بسبع: أن أنظر إلى من هو أسفل مني ولا أنظر إلى من هو فوقي، وأن أحب المساكين وأن أدنو منهم، وأن أصل رحمي وإن قطعوني وجفوني، وأن أقول الحق وإن كان مرا، وأن لا أخاف في الله لومة لائم، وأن لا أسأل أحدا شيئا، وأن أستكثر من (لا حول ولا قوة إلا بالله) فإنها من كنوز العرش.

* احفظ الله يحفظك، احفظ الله تجده تجاهك، إذا سألت فاسأل الله، وإذا استعنت فاستعن بالله، واعلم أن الأمة لو اجتمعت على أن ينفعوك بشيء لم ينفعوك إلا بشيء قد كتبه الله لك، ولو اجتمعوا على أن يضروك بشيء لم يضروك إلا بشيء قد كتبه الله عليك، رفعت الأقلام وجفت الصحف.

٢٣- محاولة الكنيسة وأتباعها إثارة الشبهات الباطلة على الإسلام والرد عليها

الرد على شبهة انتشار الإسلام بالسيف

ماذا فعلتم بالفرق الموحدة وكتبهم في عام ٣٢٥ م بعد مجمع نيقية والمجمعات التي بعده، قتلتم الموحدين وأحرقتم كتبهم وطاردتموهم وشردتموهم حتى لم يبق إلا قلة منهم، وبعض مخطوطاتهم تشهد عليكم، ونشرت الكنيسة معتقداتها بالسيف، فأمر الله محمد ﷺ بالسيف ليكون حماية للدين، غير ذلك لفعلتم بالإسلام والمسلمين كما فعلتم بالموحدين السابقين، ولفعل اليهود بالإسلام والمسلمين كما فعل اليهود بتلاميذ المسيح، ولقضت الوثنية المنتشرة في الجزيرة على الدين الحق.

قال تعالى: ﴿ وَدَّ كَثِيرٌ مِّنْ أَهْلِ الْكِتَابِ لَوْ يَرُدُّونَكُم مِّنۢ بَعْدِ إِيمَٰنِكُمْ كُفَّارًا حَسَدًا مِّنْ عِندِ أَنفُسِهِم ... ۝ ﴾ [البقرة].

وقال عز من قائل: ﴿ إِنَّ الَّذِينَ كَفَرُوا يُنفِقُونَ أَمْوَٰلَهُمْ لِيَصُدُّوا عَن سَبِيلِ اللَّهِ ۚ فَسَيُنفِقُونَهَا ثُمَّ تَكُونُ عَلَيْهِمْ حَسْرَةً ثُمَّ يُغْلَبُونَ ۗ وَالَّذِينَ كَفَرُوا إِلَىٰ جَهَنَّمَ يُحْشَرُونَ ۝ ﴾ [الأنفال].

والتاريخ والواقع يشهد بذلك، قتالا بالسلاح أو بإنفاق الأموال، لمحاربة آخر رسالة سماوية.

الرد على شبهة إضلال الله للعبد

أي تركه لاختياره والشيطان دون عون من الله له، لعدم استحقاقه له، بسبب خباثة روحه وقلبه، فالنفس الخبيثة لا مكان لها في الملكوت الأعلى، وعلى قدر الخبث يكون الضلال، وعلى قدر الضلال يكون العقاب، لذا كان جهاد تزكية النفس أعظم جهاد.

من أعراض فساد القلوب

-   أن يزاحم القلب محبة غير محبة الله وفيه.

-   ضعف تعظيم الله والخوف منه.

- الكبر والحسد والغل.

- العجب بالنفس والرياء.

- قسوة القلب.

- غياب أعظم خلق (لا تنزع الرحمة إلا من شقي).

قال تعالى: ﴿ ... وَٱللَّهُ لَا يَهْدِى ٱلْقَوْمَ ٱلظَّٰلِمِينَ ۝ ﴾ [البقرة]، ويقول جل شأنه: ﴿ ... وَٱللَّهُ لَا يَهْدِى ٱلْقَوْمَ ٱلْفَٰسِقِينَ ۝ ﴾ [المائدة]، ويقول سبحانه: ﴿ ... وَيُضِلُّ ٱللَّهُ ٱلظَّٰلِمِينَ ... ۝ ﴾ [إبراهيم]، ويقول جل وعلا: ﴿ ... كَذَٰلِكَ يَطْبَعُ ٱللَّهُ عَلَىٰ كُلِّ قَلْبِ مُتَكَبِّرٍ جَبَّارٍ ۝ ﴾ [غافر].

الرد على شبهة خير الماكرين

المكر هو التدبير الخفي ضد الخصم أي من غير أن يعلم، وهذا المكر المضاف إلى الله ﷻ والمسند إليه ليس كمكر المخلوقين، لأن مكر المخلوقين مذموم، وأما المكر المضاف إلى الله ﷻ فإنه محمود، لأن مكر المخلوقين معناه الخداع والتضليل، وإيصال الأذى إلى من لا يستحقه، أما المكر من الله ﷻ فإنه محمود؛ لأنه إيصال للعقوبة لمن يستحقها فهو عدل ضد الظالم ورحمة المظلوم، وعلى سبيل المثال: شق الله البحر لموسى فدخل فيه هو وبني إسرائيل ولما رأى فرعون وجنده الطريق ممهدا دخلوا فيه، فأطبق الله عليهم البحر.

الرد على شبهة ملك اليمين

الرق منتشرا في العالم عبر التاريخ وإلى زمن قريب وآخره الرق الغربي للسود وكان يتم عبر الغزوات والنهب، وقد جاءت في نصوص التوراة ما يؤيد ذلك في حالة الحروب، والمسيح لم يأمر بتحريرهم بل أمرهم بطاعة أسيادهم، وحصره في الإسلام فقط دلالة حقد عليه، وإلا فأنتم تعلمون أن إسماعيل ابن إبراهيم ﷺ كانت أمه جارية!!

حصر الإسلام مصادر الرق التي كانت قبل الرسالة المحمدية في مصدر واحد وهو: رق الحرب الشرعية فقط التي تفرض على الأسرى من الكفار.

وسبب الحرب الشرعية هي الكفر، مع محاربة الله ورسوله ﷺ، فإذا أقدر الله المسلمين المجاهدين الباذلين مهجهم وأموالهم وجميع قواهم وما أعطاهم الله لتكون كلمة الله هي العليا اذ قد يتعرضون للهلاك هم وأزواجهم وأولادهم، وانتصروا في الحرب دفاعا عن آخر رسالة، فمقابل ذلك جعل الله الأسرى ملكا لهم بالسبي إلا إذا اختار الإمام المن أو الفداء لما في ذلك من المصلحة للمسلمين.

وقد أكرمهن الإسلام في رقهن عما كن يلقينه في غير بلاد الإسلام، فلم تعد أعراضهن نهبا مباحا لكل طالب على طريقة البغاء، وكان هذا هو مصير أسيرات الحروب في أغلب الأحيان، وإنما جعلهن ملكا لصاحبهن وحده، وحرم أن يشترك معه أحد في جماعها حتى وإن كان ابنه، وجعل من حقهن نيل الحرية بالمكاتبة، ورغب في عتقها ووعد بالثواب على ذلك، وجعل عتقها واجبا شرعيا في بعض الكفارات ككفارة القتل الخطأ والظهار واليمين، وكن يلقين أحسن المعاملة من أسيادهن كما أوصاهم بذلك الشرع المطهر.

فلماذا يعرض الرجل أهله للرق بمحاربة الإسلام والمسلمين ويعرضهم للعقاب الإلهي الوقت الذي يستطيع أن لا يحارب الإسلام من البداية، وكذلك عند الحرب فالإسلام يخبرهم بين الجزية وهي مبلغ غير كبير أو الدخول في الإسلام وينتهي القتال، والحروب ما زالت قائمة من الغربيين ولكن النساء يتعرضن للاغتصاب والجنس مقابل الغذاء. وكذلك الرق ما زال موجودا وليس علنيا في الغرب وغيره فهناك الكثير ممن يبيع نساءه وبناته مقابل المال لفقره الشديد.

١ تيموثاوس ٦

«تعليمات تتعلق بالعبيد

١ على العبيد تحت سلطة غير المؤمنين أن يعاملوا أسيادهم بكل احترام. وهكذا يجنبون اسم الله وتعليمنا أي انتقاد. ٢ أما العبيد الذين يعملون لدى أسياد مؤمنين، فلا ينبغي أن يظهروا لهم احتراما أقل من ذلك، فهم إخوتهم. بل ينبغي أن يخدموهم على نحو أفضل، لأن فائدة عملهم تعود على مؤمنين محبوبين منهم»

«١٤ النساء والأطفال والبهائم وكل ما في المدينة، كل غنيمتها، فتغتنمها لنفسك، وتأكل غنيمة أعدائك التي أعطاك الرب إلهك. ١٥ هكذا تفعل بجميع المدن البعيدة منك جدا التي ليست من مدن هؤلاء الأمم هنا. ١٦ وأما مدن هؤلاء الشعوب التي يعطيك الرب إلهك نصيبا فلا تستبق منها نسمة ما».

والإسلام حرم كل ذلك كما ذكرنا، وجعله في أسرى الحرب الشرعية فقط (من يحارب رسالة الله والمسلمين) والسؤال هنا إن مات الرجال في الحرب فما مصير النساء وأطفالهم؟! هل يتركون ليمتهن الزنا للحصول على مصدر دخل، أو يتعرضن للذئاب البشرية لينالوا الغذاء مقابل الجنس؟!

الرد على شبهة تعدد الزوجات للنبي محمد

وفي سفر الأناشيد المنسوب إلى سليمان ﷺ العجب العجاب!

* ليقبلني بقبلات فمه، لأن حبك أطيب من الخمر.

* ها أنت جميل يا حبيبي وحلو، وسريرنا أخضر.

* في الليل على فراشي طلبت من تحبه نفسي. طلبته فما وجدته.

* شفتاك كسلكة من القرمز، وفمك حلو. خدك كفلقة رمانة تحت نقابك.

* ثدياك كخشفتي ظبية، توأمين يرعيان بين السوسن.

* قد خلعت ثوبي، فكيف ألبسه؟ قد غسلت رجلي، فكيف أوسخهما؟

* ما أجمل رجليك بالنعلين يا بنت الكريم!

* دوائر فخذيك مثل الحلي، صنعة يدي صناع!

التثنية

«١٤ النساء والأطفال والبهائم وكل ما في المدينة، كل غنيمتها، فتغتنمها لنفسك، وتأكل غنيمة أعدائك التي أعطاك الرب إلهك. ١٥ هكذا تفعل بجميع المدن البعيدة منك

جدا التي ليست من مدن هؤلاء الأمم هنا. ١٦ وأما مدن هؤلاء الشعوب التي يعطيك الرب إلهك نصيبا فلا تستبق منها نسمة ما».

نبي الله إبراهيم ﷺ، ذكر الكتاب المقدس له ثلاث زوجات؛ سارة [سفر التكوين (٢٠: ١٢)]، هاجر المصرية [سفر التكوين (١٦: ٣)]، قطورة [سفر التكوين (٢٥: ١)]، وكذلك ذكر أنه كانت له سراري [سفر التكوين (٢٥: ٦)]، ونبي الله يعقوب ﷺ، كان له أربع نسوة في وقت واحد؛ جاء في سفر التكوين: «ثم قام في تلك الليلة وأخذ امرأتيه وجاريتيه وأولاده الأحد عشر وعبر مخاضة يبوق» (٣٢: ٢٢).

ونبي الله داود ﷺ، ذكر العهد القديم له تسع نسوة: أخينوعم اليزرعيلية، وأبيجايل امرأة نابال الكرملي، ومعكة بنت تلماي ملك جشور، وحجيث، وأبيطال، وعجلة. [صموئيل الثاني (٣: ١-٦)]، وميكال. [سفر صموئيل الثاني (٦: ٢٣)]، وبثشبع امرأة أوريا. [سفر صموئيل الثاني (١١: ٢٦)]، وأبيشج الشونمية. [سفر الملوك الأل (١: ١-٥)].

ونبي الله سليمان ﷺ، ذكر العهد القديم أنه كانت له ألف امرأة؛ سبعمائة من الحرائر وثلاثمائة من السراري، «وكانت له سبعمائة من النساء السيدات وثلاثمائة من السراري» [سفر الملوك الأول (١١: ٣)]، فهؤلاء إبراهيم وإسحاق ويعقوب وداود وسليمان ذكر العهد القديم أنهم قد عددوا الزوجات.

٢٤- إيهام الكنيسة لأتباعها على عدم وجود أدلة على صدق نبوة ورسالة محمد، ولكن الأمر خلاف ذلك

تعاضد الأدلة على نبوة محمد ﷺ

إن الأدلة عندما تجتمع يسند بعضها بعضا في القوة فتصبح وهي مجتمعة ذات قوة أكبر في الدلالة، أما ما يقابلها من الشبهات فهي أضعف وهي من الشيطان وهي في كل دين، وجند الله يردون عليها، ويلزم كل من يريد رضاء الله ونيل محبته، أن يفتش الكتب ليعلم الحق، ثم يضع الأمر في الميزان، الأدلة الثبوتية مقابل الشبهات، حتى يرجح الأقوى ويختار، واختيار الأضعف على الأقوى هو بفعل وسوسة الشيطان وتعطيل العقل.

مع ملاحظة أن تعاضد المبهم مبهم.

مقدمة أدلة الرسالة المحمدية

١- محبة الله لخلقه تستوجب أن يحذر الله من محمد بالاسم أو بالمكان في كتبه لو كان كاذبا، فالذي حدث أمر عظيم يستوجب التصريح المباشر بالتحذير.

٢- محبة الله لخلقه تستوجب أن يدافع عن إعلانه العظيم بالثالوث وعمله العظيم الذي فدى فيه البشرية، وذلك بإهلاك محمد ومن معه، فهو من أنكر الإعلان وأنكر الفداء، وما حدث هو العكس، انتصار معجز، وانتشار كبير ما زال مستمرا، فإن كان محمد كاذبا والله لم يهلكه ونصره نصرا معجزا، إذا فما قيمة عمله الذي قام به من إهانة نفسه والصلب كالملاعين؟! وما ذلك إلا كمن يفعل خيرا ويفعل ضده من الشر، وهذا لا يليق بالله ﷻ.

٣- إن الأحداث التي حصلت من ظهور النبي محمد ﷺ إلى يومنا هذا ودخول مليارات البشر إلى دينه لأكثر من ١٤٠٠ عام، تمثل تحديا انتصر فيه الشيطان على الله من خلال إنكاره لأعظم إعلان وأعظم عمل قام به، وهذا من المحال تصوره.

٤- إن اليهود كما هو معلوم مستوجبين للعقاب في الدنيا والآخرة، ولقد توعدهم الله وحذرهم في التوراة والإنجيل، وأعظم عقاب لهم في الدنيا هو نزع شرف سلالة النبوة فيهم من إسحاق، وإعطاء ذلك الشرف إلى سلالة ابن الجارية إسماعيل (ومحمد من نسله) وخصوصا إذا ما أخذنا في الحسبان وعد الله لإبراهيم في ابنه اسماعيل، وأن هذا الوعد لا يليق بالله أن ينهيه.

٥- إن عدم إيمان غالب اليهود بالمسيح، ساهم في أن تصبح اليهودية ديانة قائمة مستقلة، مما جعل هناك اختلاف وتعارض بين رسائل الله، اليهودية والمسيحية وكلاهما يدعي أنها الحق!! إضافة للاختلاف الذي حصل بين الفرق المسيحية المعتمدة وغير المعتمدة والنقد الكبير الذي واجه موثوقية الكتب المقدسة ووجود أناجيل غير معتمده تعارض عقيدة الثالوث والصلب، وكذلك تصريح كثير من العلماء (نيوتن) والقساوسة (الأسقف نسطور) على سبيل المثال، ولا ينكر ذلك إلا كاذب.

لذا كان لزاما من الله من منطلق حبه للبشرية، أن يرسل من يخرج الحق للأمم كآخر فرصة لها، وليمجد المسيح وأمه ويرفع عنهما تهمة الخطيئة التي ادعاها اليهود عليهما (السحر والزنا)، وليقيم الحجة على الذين كفروا بذلك الحق الذي أخرجه، ولينجي الله أحبابه ومختاريه.

٦- المسيح لم يقل لا نبي بعدي في الإنجيل كما يدعي المسيحيين (والأول والآخر لا تنطبق على النبوة) بل كان تحذيره من الأنبياء الدجالين (احذروا الأنبياء الدجالين).

ولو صح قوله فإن بولس سيكون أول نبي كذاب.

غلاطية ١

«من بولس، وهو رسول، لا من قبل الناس ولا بسلطة إنسان، بل بسلطة يسوع المسيح والله الآب الذي أقامه من بين الأموات»

الرسول أعظم من النبي فلا مجال للقول بأنه ليس نبي.

«فوضع الله أناسا في الكنيسة: أولا رسلا، ثانيا أنبياء، ثالثا معلمين، ثم قوات، وبعد ذلك مواهب شفاء، أعوانا، تدابير، وأنواع ألسنة».

المسيح ما وضع إلا تقييما لمعرفة الرسل الحق (كالثمار التي ينادون بها) وذلك يدلل على أن هناك أنبياء قادمين ينطقون بالحق ويشهدون له، ويؤكد ذلك قول يوحنا بضرورة امتحان الأنبياء:

(رسالة يوحنا الرسول الأولى ٤: ١): «أيها الأحباء لا تصدقوا كل روح بل امتحنوا الأرواح هل هي من الله».

وأعظم تحذير أطلقه المسيح هو للأنبياء الذين يظهرون في المسيحية وليس من خارجها، والدليل هو وضع تحذيره الذي قاله في سياق الآيات:

(متى ٧: ٢٢-٢٣) «٢٢كثيرون سيقولون لي في ذلك اليوم يا رب يا رب أليس باسمك تنبأنا وباسمك أخرجنا شياطين وباسمك صنعنا قوات كثيرة. ٢٣ فحينئذ أصرح لهم أني لم أعرفكم قط، اذهبوا عني يا فاعلي الإثم».

وقول يوحنا: «لأن أنبياء كذبة كثيرين قد خرجوا إلى العالم».

وهذا عكس ما قاله محمد ﷺ الذي قال: «لا نبي بعدي، وأنا خاتم الأنبياء والمرسلين»، فلم تنتشر أية رسالة سماوية بعده.

الربي شمعون بن يوحاي יאחוי רב וזעמש זבר

ولد في سنه ٨٠ م في الجليل بفلسطين وتوفي في سنة ١٦٠، وهو أحد أكابر علماء اليهود والذي ينسب له كتابه الزوهر ويعتبر يوم وفاته أحد الأعياد اليهودية وهو بعنوان רמועב ג"ל أو لاج بعومير، وقد تنبأ شمعون بمجيء مجد الإسماعيليين وسطوتهم علي باقي الأمم وقيام نبي من بينهم يجعله الله رعبا لأعدائه، ولذلك ما جاء في «أسراره حول نهاية

العالم» أو ما يعرف باسم the secrets of rabbi simon ben yohai من خلال مقطعين مستشهدا على ذلك بنصوص من التوراة.

الأدلة الثبوتية

أفعال محمد ﷺ المثبتة في الأحاديث الصحيحة، لا تدل على كذبه على الله.

إن من أدمغ الأدلة على صدق محمد كون أهله وأقرب الناس إليه يؤمنون به، فقد كانوا مطلعين على أسراره، شاهدوا معجزاته المادية ووقفوا على اخلاقه وحسن عبادته لله، ولو شكوا في صدقه لما آمنوا له.

١- محمد بن عبد الله كان مؤمنا بالله وليس بملحد بدليل اسمه، وشديد التعبد لله، صادقا أمينا وكل ذلك بشهادات من قومه كما أثبت التاريخ ذلك، فهل يكذب على الله ويموت على ذلك؟! ومن لم يكن كاذبا مع الناس لا يكذب على الله.

٢- قال الله لمحمد، قل يا محمد إن الله شاهد بأني رسول من فوق سبع سماوات في آيات كثيرة وأوقات مختلفة، وإن كنت كاذبا فليهلكني الله، وقال إن دليل صدقي انتشار الإسلام ليصبح دين عالمي.

فهل يسمح الله بأن يقول نبي كاذب ذلك دون أن يعاقبه، وكيف ينصره نصرا معجزا وينشر دينه نشرا معجزا إلى أن أصبح ثالث دين عالمي معترف به.

هذا من المحال إذا كان الله موجود (وهو موجود).

٣- الرسول محمد أقر بنزول المسيح مرة أخرى، فهل يفعل ذلك من كان كاذبا، إذ كيف يقر بأمر ينهي فيه رسالته؟! فالمسيح سيكذبه إن لم يكن صادقا.

٤- محمد كان يستطيع أن يكون ملكا عظيما كما كان غيره من الأنبياء، ولكنه اختار أن يكون عبد فقير، لا يجد الطعام ولا يقبل الصدقات يوزع ما يأتيه من مال في سبيل الله، فلو كان غير صادق لتمتع بالملك وتمتع بالمال.

٥- لم يخضع لمطالب زوجاته، فعندما طالبنه بمزيد من النفقة والرفاه نزل الوحي على الفور بتخييرهن بين أخذ حقوقهن والطلاق بالمعروف، وبين الصبر على الحياة مع النبي وبالقدر الأدنى من مقومات الحياة، ولا يفعل ذلك إلا صادق.

٦- إن كان الرسول ﷺ كاذبا، فلماذا اختار جوار الضعفاء على الأقوياء والفقراء على الأثرياء والعبيد على السادة والكرام على اللئام.

٧- محمد شارك قومه في الغزوات وعرض نفسه للقتل فلا يفعل ذلك إلا صادق.

٨- التاريخ يثبت أن محمدا عادى قومه وتعرض للتعذيب الشديد في مكة، هو وأصحابه سنين كثيرة، في الوقت الذي عرض عليه أن يكون أمير قومه ويعطى المال ليترك دعوته، لأنهم قد عرفوا أن دعوته مخالفة لعبادة الأصنام والتي كانت تدر عليهم أموالا كثيرة، وأن دعوته ستقضي على زعامتهم، فما كان منه إلا أن أختار ما أمره الله به، مجابها قوتهم وهو لا يملك من القوة شيء، ولا يفعل ذلك كاذب.

٩- محمد كان عظيم العبادة في الخفاء ومنها صلاته إلى أن تتفطر قدماه، وشهادة زوجاته بذلك تدلل بلا شك عدم كذبه، إذا كيف يعبد الله بهذه الدرجة من كان يكذب عليه بأمر عظيم كهذا؟!

١٠- شهادة قومه له بصدقه وعدله ورحمته وأمانته فعرف بينهم بالصادق الأمين وكانوا يضعون عنده الأمانات وكانت خديجة تستأمنه على تجارتها، فالذي يكذب على الله يكون من باب أولى كذاب على الناس.

١١- لم يعرف محمد قبل النبوة بقوله الشعر أو بتأليف الكتب أو عرف عنه بأنه درس الديانات السماوية، فلم يسجل التاريخ إلا أنه كان لا يؤمن بالأصنام وكان يتعبد الله على ملة إبراهيم.

١٢- إيمان صحابته به الذين عاصروه،، لما رأوا من معجزاته ما يؤكد صحة نبوته، مما جعلهم يتركوا أموالهم وديارهم ويهاجرون معه للمدينة وإيمان أهل المدينة به، مما دفعهم ذلك الإيمان إلى أن يبذلوا أرواحهم في سبيل الله.

١٣ - شهادة الكثير من المستشرقين له من علماء وأدباء وقد ألفت عدة كتب في هذا الموضوع وهذا أحد أقوالهم:

هانز كونج عالم لاهوت سويسري: «محمد نبي حقيقي بمعنى الكلمة، ولا يمكننا أبدا إنكار أن محمدا هو المرشد القائد إلى طريق النجاة».

١٤ - حماية الله له، فكم حاول المشركون قتله، وأراد اليهود اغتياله والتخلص منه، ولكن الله حال بينهم وبين ما يشتهون، قال ﷺ: ﴿ ... وَٱللَّهُ يَعْصِمُكَ مِنَ ٱلنَّاسِ ... ۝٦٧ ﴾ [المائدة].

١٥ - اتفاق محمد مع الرسل في الدعوة، وهي دعوته إلى التوحيد وترك الآلهة الأخرى مع محبة الله وتعظيمه وأن الخلاص بالإيمان والعمل الصالح، وقال الله له أن ذلك من الأدلة على صدقي.

هل القرآن من الشيطان؟!

١ - الله في القرآن قال لمحمد ﷺ قل للعالم أن (لا إله الا الله) وأنها أعظم وصية مع محبة الله وعدم إسقاط تعظيمه بأي حال، إضافة إلى محبة الأقارب وخاصة الوالدين، والإحسان إليهم، وعليكم أن تشكروه على خلقكم ونعمه، واعبدوه محبة وتعظيم له، وذلك من أعظم الثمار، والشيطان لا يقول ذلك.

وكذلك أمر القرآن الكفر بالشيطان والطواغيت وإثبات الألوهية فقط لإله إبراهيم، يقول الله ﷺ: ﴿ ... فَمَن يَكْفُرْ بِٱلطَّٰغُوتِ وَيُؤْمِنۢ بِٱللَّهِ فَقَدِ ٱسْتَمْسَكَ بِٱلْعُرْوَةِ ٱلْوُثْقَىٰ لَا ٱنفِصَامَ لَهَا وَٱللَّهُ سَمِيعٌ عَلِيمٌ ۝٢٥٦ ﴾ [البقرة].

٢ - قال الله لمحمد أن الشيطان ملعون وهو عدوكم، واستعيذوا باسم الله منه، والشيطان لا يقول ذلك، لأن الله سميع مجيب الدعاء.

٣ - الله أمر محمد نصا بالعدل والإحسان، والنهي عن الفحشاء والمنكر والبغي، والشيطان لا يأمر بذلك.

٤- الله حدد لمحمد وصايا كثيرة خاصة بالخير وترك الشر والشيطان لا يفعل ذلك.

٥- الله أمر محمد بأن يأخذ من أموال الأغنياء ليعطيها الفقراء كل عام وحث على الصدقات بآيات عجيبة والشيطان لا يقول ذلك.

٦- الله أمر محمد بتحرير العبيد من خلال كفارات الذنوب والشيطان لا يأمر بذلك.

٧- الوحي كان ينزل على سيدنا محمد لمدة ٢٣ عاما وكان جبريل يراجع معه القرآن كل شهر في رمضان فإن كان من يوحي إليه الشيطان أفلا يدرك النبي ذلك طول هذه المدة.

معجزات محمد ﷺ

معجزات الأنبياء كانت تعتمد على إظهار بعض الخوارق المادية غير العقلية، بينما جاءت معجزة محمد الرئيسية تخاطب العقل والقلب وهي القرآن، فبقيت إلى يومنا هذا وستبقى إلى آخر الزمان، بينما ماتت معجزات الأنبياء بموتهم، وبقيت مجرد أخبار، ولو أراد الله إبقاء الدين لترك معجزة خالدة ولحافظ على الكتب.

معجزات النبي كثيرة متعددة، ومنها ما حصل وانتهى، ومنها ما هو باق إلى أن يشاء الله، وهو القرآن الكريم الكتاب الوحيد من بين الأديان السماوية المعلوم المصدر المنقول من جيل إلى جيل دون تحريف، بالحفاظ والكتاب(١).

المعجزات المادية للنبي محمد ﷺ المثبتة تاريخيا ومن خلال الأحاديث الصحيحة، بالرؤية لقومه وأصحابه:

١- إخبار قومه بفتح مكة وإيمان قومه به، وهو ما حصل ودخل الناس بعدها في دين الله أفواجا.

٢- شهادة أعدائه به وهي من أعظم الشهادات.

٣- إعجازه في تكوين دولة من العدم قضت على أكبر إمبراطوريات العالم حينها دون عدد ولا عتاد يذكر.

____

(١) للاستزادة ينظر موقع إعجاز القرآن والسنة https://quran-m.com

٤- استجابة الله لدعائه في مواطن كثيرة.

٥- حماية الله له من البشر رغم شدة عداوة قومه واليهود والقبائل العربية له، فعصمه الله منهم.

٦- معجزة الإسراء والمعراج وانشقاق القمر، وقد جاء القرآن بذكرهما صراحة، وجاءت الأحاديث من السنة الصحيحة المستفيضة ببيان ذلك.

٧- تكثير القليل من الطعام بين يديه ﷺ حتى كان يأكل منه من معه من الجيش.

٨- نبع الماء من بين أصابعه ﷺ وتكثير الماء حتى يشرب منه جميع الجيش ويتوضأون.

٩- إخباره ﷺ بالأمور الغيبية المستقبلة ثم تقع كما أخبر، وقد حدث مما أخبر به شيء كثير.

١٠- تسليم الحجر والشجر عليه.

١١- استجابة الجمادات كالشجر إليه.

١٢- معجزة القرآن وهو معجز من وجوه عديدة:

- معجز بإخراجه الحق للأمم من تاريخ وأحداث وحقيقة للدنيا وللآخرة، وحقيقة للذات الإلهية بأسلوب عجيب من خلال كتاب واحد فقط بخلاف عشرات الكتب للأديان السابقة التي لا يعلم أولها من آخرها، وهو الدليل الواحد الباقي على صحة معجزات الأنبياء السابقين وصحة رسالاتهم، وهو المصحح لإسقاط تعظيم الله من اليهود والنصارى وسيرة الأنبياء وما جاء في الكتب المقدسة من فظائع جنسية وإجرامية.

- معجز في هدايته للكثير من البشر من خلال التدبر في آياته ومعانيها.

- معجز في سهولة حفظه، قارئه وسامعه لا يسأمه، وتكراره يوجب زيادة محبته، وغيره من الكلام ولو كان بليغا يمل مع الترديد في السمع.

- معجز بما فيه من أخبار مستقبلة وقعت كما أخبر عنها، ووعود كثيرة مستقبلية ومنها ذكر القرآن أنه منتصر وباق ليوم الدين، ولو اجتمع جميع أهل الأرض على محاربته، ومنها الوعد بالاستخلاف والتمكين في الأرض وهو ما حصل.

- معجز بعدم تحريفه وهو باق كما هو منذ عهد محمد إلى أن ينتهي العالم.

- معجز من حيث برهانه لقومه، فلكل نبي معجزة لقومه تناسب حالهم، وعلى سبيل المثال المسيح وموسى كانت معجزات حسية أقوى من السحر لأن اليهود كان السحر منتشر بينهم ولا يؤمنون إلا بالماديات والعرب كانت أهل البلاغة والشعر فنزل القرآن يحتوي على هذه المعجزة وتحدى بها العرب كلهم أن يأتوا بمثله وعجزوا حتى قالوا عنه ساحر وقالوا عنه أنه من الشيطان لعظمة أسلوبه وبلاغته وما زال التحدي قائم إلى يومنا هذا.

- معجز من حيث برهانه لليهود والمسيحيين، من أنه مذكور في كتبهم، واعتراف من أسلم منهم بذلك، اما الآخرون لم يستطيعوا أن يتحدوه بعكس ذلك.

- معجز من حيث دعوته للنصارى بالتلاعن على الملأ ليهلك الله الكاذب منهم، فما كان منهم إلا الهروب.

- معجز من حيث تحديه للمسيحيين، بأن المسيح لم يقل بأنه الله واعبدوني، بل قال بأن الله ربي وربكم، وأن الانحراف حصل بعد موته، وما زال التحدي قائما إلى اليوم، بهل قال المسيح لليهود أنا الله ووجههم بعبادته وهل قال لهم أن الأب والابن وروح القدس إله واحد، فمن أعلم محمد بذلك؟!

- معجز من حيث إنه قال بالتحريف للكتب السابقة وهذا ما أثبته الكثير من النقاد والعلماء من تلك الديانة وغيرها في هذا العصر.

- معجز من حيث إنه توعد من غير وبدل في الكتب السابقة بأن يوقع بينهم العداوة والبغضاء، والتاريخ يشهد بتلك العداوة والبغضاء بين الكاثوليك والأرثوذكس والبروستانت وغيرهم، منذ حرب الثلاثين عاما إلى يومنا هذا.

- معجز من حيث برهانه الآخر لأهل هذا الزمان الذي هو عصر العلم، بوجود الكم الهائل من الإشارات العلمية والتي أمن بسببها الكثير من العلماء، ويمكن على من يثير الشبهات في بعضها الرجوع لأهل الاختصاص للاطلاع على ردودها.

- معجز من حيث تحدى الله العالم بأن يتم تحريف القرآن وينتشر بين الناس ليلغي ما بين أيدي المسلمين، لأنه تعهد بحفظه.

- معجز من حيث احتواء القرآن لأحكام تنظيمية لا يستطيع عربي في الصحراء أن يأتي بها كنظام الورث الشرعي، والأحوال الشخصية وأحكام البيع والشراء والعقوبات والأحكام القضائية، لدرجة أنها جعلت كقوانين في قضاء الدول التي تحكم بالإسلام أو بجزء منه كالأحوال الشخصية.

- ومن الإعجاز الاعتراف بالشريعة التي جاء بها النبي كمصدر عالمي للتشريع والقانون في عدة مؤتمرات دولية في القرن العشرين، وكان أولها مؤتمر القانون المقارن الدولي في لاهاي الهولندية عام ١٩٣٢م، حيث أقرت تلك المؤتمرات بأن الشريعة الإسلامية أصيلة وليست مستمدة من القانون الروماني كما حاول بعض المستشرقين أن يثبتوا.

- معجز من حيث إخبار القرآن عن قصص الأنبياء، وقد كان اليهود وهم أهل كتاب، يسمعون القرآن ويسمعون ما يقصه عن نبيهم موسى ﷺ، ومع ذلك لم يعرف عن أحد منهم أن كذب ما جاء به القرآن في ذلك، ولم يشاهده أحد يقرأ كتبا ويحفظها، ثم يتلوها على أصحابه لكتابتها.

- معجز من حيث إن في القرآن من قصص الأنبياء، ما لا يوجد في التوراة والإنجيل، مثل قصة هود، وصالح، وشعيب وغير ذلك، وفي القرآن من ذكر الآخرة وتفصيلها، وصفة الجنة والنار، والنعيم والعذاب، ما لا يوجد مثله في التوراة والإنجيل.

- معجز من حيث دعاء إبراهيم في القرآن بأن يحج الناس إلى الكعبة، وما زال الأمر مستمر منذ أكثر من ١٤٠٠ عام، لم ينقطع.

محمد المادية

نظرية الصدفة:

الصدفة تسقط وتتلاشى علميا ومنطقيا من خلال كثرة تلك الصدف التي تدور حول موضوع واحد، تماما كما تلاشت نظرية الصدفة في موضوع إيجاد الكون في كونه معجز ومنتظم بذكاء يبهر العقول، فلابد من وجود خالق بغض النظر عن وجود شبهات تنفي وجوده بفعل الشيطان، فمن المحال أن تكون كل الأحداث صدفة.

١- وجود كتب تاريخية لغير المسلمين يعود تاريخها لما قبل الإسلام وكذلك إقرار كثير من علماء التاريخ بسكن إسماعيل وهاجر في مكة فهل ذلك من قبيل الصدفة؟!

نص كتاب الأساطير: Chapter VIII. [Birth of Moses.]

- وبعد موت إبراهيم، حكم إسماعيل ٢٧ سنة.

- وجميع أبناء نبايوت حكموا عاما في حياة إسماعيل.

- ولثلاثين عام بعد وفاته من نهر مصر إلى نهر الفرات، وبنوا مكة.

سعيد الفيومي أول مترجم للتوراة من العبرية إلى اللغة العربية، حاخام وفيلسوف يهودي مصري. فقد ترجم التوراة وكتبها ليهود العالم هكذا وبحروف عبرية:

وكان مسكنهم من مكة إلى أن تجيء إلى المدينة إلى الجبل الشرقي.

كتاب «قصة الحضارة» لديورانت راسل، يقع هذا الكتاب في اثنين وأربعين جزءا، تحدث فيه عن تاريخ معظم الحضارات، ومنها تاريخ الجزيرة العربية، فكان مما قاله: «بناها في المرة الرابعة إبراهيم وإسماعيل ابنه من هاجر»[١].

٢- وجود بئر ماء زمزم ما زال يضخ الماء لأكثر من ١٤٠٠ عام كمعجزة، وقد ذكر في التوراة موضوع بئر، فهل ذلك من قبيل الصدفة؟!

―――――――――

(١) ينظر «قصة الحضارة» (١٣/ ١٨).

٣- جاء في التوراة التكوين، الإصحاح (٢١)، الأعداد (١٧ - ٢٢): «ونادى ملاك الله هاجر من السماء وقال لها: ما لك يا هاجر؟ لا تخافي؛ لأن الله قد سمع لصوت الغلام حيث هو، قومي احملي الغلام وشدي يدك به؛ لأني سأجعله أمة عظيمة، وفتح الله عينيها فأبصرت بئر ماء، فذهبت وملأت القربة ماء، وسقت الغلام، وكان الله مع الغلام، فكبر وسكن في البرية، وكان ينمو رامي قوس، وسكن في برية فاران، وأخذت له أمه زوجة من أرض مصر».

وحيث أثبتنا في النقطة السابقة أن إسماعيل وهاجر سكنوا في مكة المكرمة، ووجود جبل في مكة يطلق عليه فاران، مما يعني ويؤكد أن فاران في مكة أو هي مكة.

٤- كون مكة عبارة عن وادي ومن أسمائها بكة، وقد ذكر الوادي والاسم بكة في التوراة، فهل ذلك من قبيل الصدفة؟!

المزمور (٨٤) (٥-١٠) اسم «وادي بكة»، ونحن نورد النص هنا باللغة الإنجليزية، من نسخة الملك جيمس، حيث جاء فيه:

"Blessed is the man whose strength is in thee; in whose heart are the ways of them, Who passing through the valley of Baca make it a well...For a day in thy courts is better than a thousand"

وترجمة هذا النص هي:

«طوبى لأناس عزهم بك، طرق بيتك في قلوبهم، عابرين في وادي (Baca)، يصيرونه ينبوعا ... لأن يوما واحدا في ديارك خير من ألف».

وليس ثمة في الأرض واد اسمه (بكة) يشتمل على بيت عبادة وينبوع ماء (زمزم)، الصلاة فيه أفضل من ألف فيها سواه، سوى مكة المكرمة.

٥- جاء في التوراة التالي «لترفع البرية ومدنها صوتها، الديار التي سكنها قيدار (الابن الثاني لإسماعيل الذي أثبتنا أنه سكن في مكة) لتترنم سكان سالع (يوجد جبل سلع

بالمدينة) من رؤوس الجبال ليهتفوا»، وكذلك وحي من بلاد العرب، فهل هذا من قبيل الصدفة؟!

٦- وجود الكعبة في مكة وحماية الله لها بالطير الأبابيل وذكر القرآن لذلك، وعدم اعتراض العرب واليهود والنصارى على تلك الحادثة ليثبتوا كذب القرآن، فهل هذا من قبيل الصدفة؟!

٧- تحول قبلة المسلمين من السجود للمسجد الأقصى إلى الكعبة، وقول المسيح بذلك، فهل ذلك من قبيل الصدفة؟!

قال لها يسوع: «يا امرأة، صدقيني أنه تأتي ساعة، لا في هذا الجبل، ولا في أورشليم تسجدون للآب» [يوحنا ٤ : ٢١] ... «لذلك أقول لكم: إن ملكوت الله ينزع منكم ويعطى لأمة تعمل أثماره...». [متى ٢١ : ٤٢-٤٣].

كما نقرأ أيضا: «الحجر الذي رفضه البناؤون قد صار رأس الزاوية. من قبل الرب كان هذا، وهو عجيب في أعيننا». (المزمور ١١٨ : ٢٢-٢٣)

٨- يثبت التاريخ انتظار اليهود لنبي يظهر في الجزيرة العربية وهم سكنوا في المدينة المنورة، فهل هذا من قبيل الصدفة؟!

٩- كون محمد من نسل إسماعيل الذي سكن مكة وعدم تكذيب قومه له أو اليهود فهل هذا من قبيل الصدفة؟!

١٠- جميع البشارات في التوراة عن المنتظر تكلمت عن إنسان ونبي ومثل موسى وله نسب أبوي يعود لإبراهيم والمسيح كما يدعون ليس بإنسان أو نبي، فهل هذا من قبيل الصدفة؟!

١١- هناك وعد من الله لإبراهيم في ابنه إسماعيل، لا يليق بالله أن يزيله، فأين هو؟، فهل ذلك من قبيل الصدفة؟

١٢- اعتراف بعض علماء المسلمين القدماء برؤيتهم للبشارات باسم محمد في المخطوطات القديمة، وتلك الاعترافات موجودة في كتبهم، فهل ذلك من قبيل الصدفة!!

١٣- يؤكد القرآن عدم صلب المسيح ووجود مخطوطات لبعض الأناجيل غير المعتمدة يعود تاريخها لما قبل الإسلام، وفرق كذلك تنفي صلبه، فهل ذلك من قبيل الصدفة!!

١٤- وجود نصوص في التوراة والإنجيل هي على أقل تقدير توهم القارئ بنبوة محمد، فهل ذلك من قبيل الصدفة؟!

١٥- (باراكلتوس) و(بيركلتوس)

يقول أسقف بني سويف الأنبا أثناسيوس في تفسيره لإنجيل يوحنا «إن لفظ بارقليط إذا حرف نطقه قليلا يصير (بيركليت)، ومعناه: الحمد أو الشكر، وهو قريب من لفظ أحمد»، فهل ذلك من قبيل الصدفة؟!

١٦- إسلام الكثير من أهل الكتاب من اليهود والمسيحيين من علماء لاهوت وقساوسة وأدباء من الغرب والشرق، من عهد سيدنا محمد إلى يومنا هذا، وإجماع هؤلاء على أن الإسلام دين حق، فكلا منهم له دليله في ذلك، فهل ذلك من قبيل الصدفة.

١٧- الربي شمعون بن يوحاي יאחוי רב זועמש ובר

ولد في سنه ٨٠ م في الجليل بفلسطين وتوفي في سنة ١٦٠، وهو أحد أكابر علماء اليهود والذي ينسب له كتابه الزوهر ويعتبر يوم وفاته أحد الأعياد اليهودية وهو بعنوان רמועב ג"ל أو لاج بعومير، وقد تنبأ شمعون بمجيء مجد الإسماعيليين وسطوتهم علي باقي الأمم وقيام نبي من بينهم يجعله الله رعبا لأعدائه، ولذلك ما جاء في «أسراره حول نهايه العالم» أو ما يعرف باسم the secrets of rabbi simon ben yohai من خلال مقطعين مستشهدا على ذلك بنصوص من التوراة، فهل ذلك من قبيل الصدفة؟!

١٨- هل نصره المعجز ونشر دينه المعجز والحفظ من الأعداء إلى أن أكمل رسالته، في ذات الوقت هو من أنكر إعلانه للبشرية بالثالوث وأنكر أعظم عمل قام به الرب (الفداء) كان صدفة؟!

١٩- اعتراف الفاتيكان:

أعمال المجمع بين العامين ١٩٦٢ - ١٩٦٥م، بعد اكتشاف مخطوطات البحر الميت، وشارك في هذه الأعمال ٢٥٠٠ أسقف من مختلف أنحاء العالم ورفع خبراء ومدققين ولاهوتيين ومراقبين من طوائف مسيحية أخرى العدد إلى ٣٥٠٠ شخص، وحفظت نتائج الأعمال في ١٦ وثيقة: ٤ دساتير و٩ مراسيم و٣ إعلانات.

وتعترف النقطة ١٦ بالإسلام على أنه من أهم الديانات السماوية غير المسيحية، وأن تصميم الخلاص إنما يشمل الذين يعترفون بالخالق، ومن بينهم أولا المسلمون الذين يعبدون إله إبراهيم فما معنى ذلك؟! وهل حدث ذلك من قبيل الصدفة أم بتدبير من الله؟!

بفضل الله لقد استعرضنا في هذا الكتاب ما يؤكد على حقيقة اختلاف دعوة المسيح كما جاءت في الأناجيل المعتمدة عن الاعتقاد الكنسي، والتي تحاول الكنائس المسيحية بمختلف طوائفها إيصاله لأتباعها، مستخدمة في ذلك بعض من الحيل والتي تستخدم في غسل الأدمغة، وذلك من خلال التفسيرات للآيات المخالفة لدلالة النصوص الصحيحة الصريحة بحيث يتم ذكرها بعد ذكر الآية، مع التركيز على النصوص المبهمة والتي لا نعلم من قام بدسها وذلك لتشتيت الأتباع عن تلك النصوص اليقينية الصريحة، وكذلك اختراع بدعة الناسوت واللاهوت لصرف القارئ عن النصوص اليقينية باعتبار أن من قالها طبيعة المسيح البشرية المتحدة مع الله.

ولكن تلك الخدع لم تنطو على كثير من الأتباع بفضل الله الذين تركوا تلك المعتقدات ودخلوا الدين الإسلامي الذي أخرج وأظهر الحقيقة كاملة للأمم، وسيحاول من يحاول الدفاع ومحاولة الرد، ويقول إن ما ذكرناه في البحث ما هو إلا شبهات مردود عليها، فعندها سنقول له بكل بساطة: ما دينكم إلا شبهات في شبهات، ظلمات بعضها فوق بعض، فكيف تبشرون الناس بدين كله شبهات، ولا معجزات باقية له، ولا حتى وجود مخطوطات يعتمد عليها، فعدد الكتب غير المعتمدة أكبر بكثير من الكتب المعتمدة، وبالرغم من ذلك فإن الكتب المعتمدة تخالف أيضا وبقوة المعتقد الكنسي الحالي.

إلى كل أخ في الإنسانية من المسيحيين إن لم تقتنع بما ذكرناه لك من أوجه الاختلاف في دعوة المسيح بين نصوص الأناجيل المعتمدة وبين الاعتقاد الكنسي، فقد قدمنا إليك براهين إثبات نبوة محمد ﷺ العقلية والنقلية، فمن المحال عقلا أن تكون كل تلك الأمور صدف وإلا كأنك تقول إن كل ما في الأرض والكون من حقائق ما هي إلا صدفة ولا يوجد خالق للكون، وأختار أحد المقولات لمن نطق بالحق منكم ليكون من أدلة وشهد شاهد من أهلها، وأختم بها هذا البحث لعلكم تعقلون، قال عالم اللاهوت (توم هاربر) في كتاب من أجل المسيح : إن الأمر الأكثر إحراجا بالنسبة للكنيسة هو صعوبة إثبات أي تصريح يتعلق بالعقيدة من خلال وثائق العهد الجديد، وببساطة لا يمكننا أن نجد ذكرا لعقيدة الثالوث

في أي مكان من الكتاب المقدس، لقد كان للقديس بولس الفهم الأوسع لدور المسيح وشخصه، إلا أنه لم يقل إن المسيح هو الله في أي مكان من كتاباته، كما أن المسيح نفسه لم يدع صراحة أنه الأقنوم الثاني في الثالوث المقدس وأنه مساوٍ لله تمامًا. (انتهى) والسؤال الذي يطرح نفسه وبقوة، هل عجز الله أن يوضح للبشرية حقيقة الاعتقاد الكنسي في كتبه بنصوص يقينية صريحة لا غبار عليها؟! أم أن هدف إله المحبة كان إضلال البشرية ليكون الوضع شبهات في شبهات وظلمات بعضها فوق بعض؟.

الفهرس

المؤلف في سطور

الجنسية: سعودي
مسقط الرأس: المدينة المنورة
العمر: 58 سنة

عنوان الاقامة: المملكة العربية السعودية (جدة) / جمهورية مصر العربية (القاهرة).

الدرجة العلمية: بكالوريوس هندسة صناعية + دبلوم عالي من كلية كامبردج بريطانيا بنظام المراسلة في الادارة والمشتريات والمستودعات وأنظمة الحاسب.

أخر منصب تم شغله: مديرا بإحدى الإدارات لشركة رائده بالمملكة العربية السعودية.

العمل الحالي: متقاعد، و يعمل في مجال الدعوة (داعية وباحث إسلامي مهتم بمقارنة الأديان).

الدورات الشرعية التي تحصل عليها: حاصل على دورة في العقيدة والتوحيد من الأكاديمية الإسلامية، وكذلك حاصل على عدة دورات في العقيدة وأصول الدين مع إجازة بتدريسهم، تحت إشراف الشيخ وحيد بالي، وتحصل على أكبر قدر ممكن من العلم الشرعي من خلال التعليم الحر والاتصال بفضيلة العلماء.

الكتب المؤلفة منها: المفلسون يوم القيامة – الكسب الحرام في القرن الواحد والعشرين – الأجوبة الشامية للأسئلة الجامعة في العقيدة – مذكراتي في الحياة لعربي مسلم – لماذا لا أومن بمعتقد الكنيسة؟ – كتاب جد الحقيقة قبل الموت (باللغة الإنجليزية لغير المسلمين).